Vorbereitung auf den "Jüngsten Tag"

Der Zusammenbruch der öffentlichen Ordnung
Eine finanzielle Grundlage für die Auswanderung?

Inhalt-Einleitung-Was tun?

....

Mobilität ermöglichen

....

Notwendige Arztbesuche erledigen

....

Der Bug Out Bag

....

Verteilung von Vorräten

....

Checklisten und Prioritätenlisten

....

Wertvolles Wissen erlangen

....

Verhaltenstipps

....
Die sichere(re) Zuflucht

....
Am Jüngsten Tag

....
Der letzte Einkauf

....
Was ist wichtig?

....
Rückzug aus der Großstadt

....
Nach dem Zusammenbruch

....
.Verhalten und Psychologie

....
Das Standardequipment für Unterwegs

....
Absicherung der Unterkunft und Umgebung

....
Zusammenhalt der Familie und Bildung von Allianzen

....
Liste sinnvoller Gegenstände

....
Schlussbemerkung
....
Einleitung
Die Zeiten sind turbulent. Ob Klimawandel, Naturkatastrophen, Konflikte, Finanzsystem und sonstige geopolitische Verwerfungen
-das Bild, welches wir von der Zukunft zeichnen, ist wei
taus weniger rosig, als wir es noch vor 20 Jahren skizziert haben.
Aktuell leben wir alle in einem minutiös eingetakteten System im, historisch betrachtet, noch nie dagewesenen Luxus: Wir haben immer einen vollen Kühlschrank, können an jeder Straßenecke die exotischsten Güter kaufen, reisen in ferne Länder und können uns fast alle Wünsche erfüllen. Gleichzeitig sind wir so viele Menschen wie nie zuvor.Die Frage ist, was kann passieren, wenn dieses System zusammenbricht? In jüngster Zeit

mehrt sich das Bewu
sstsein, dass einzelne Ereignisse zu
unseren Lebzeiten passieren können,
die die aktuelle Weltordnung und damit
unseren jetzigen Wohlstand massiv
gefährden können.Verschiedene
Szenarien sind denkbar:Weltweiter
Zusammenbruch des
Weltfinanzsystems: Geld
verliert massiv an Wert Weitreichender
dauerhafter Stromausfall
Verursacht durch Terrorismus oder
Naturphänomene (z.B. im Jahr 2012 ist
eine gigantische Sonneneruption nur
knapp an der Erde vorbei
gegangen)"Peak Oil": Durch
zurückgehende Ölförder mengen bricht
der internationale Güterverkehr
aufgrund von Treibstoffknappheit
zusammen Naturkatastrophen /
Kriege / Krankheits epidemien/
Großflächiger Terror Mehrere Studien
(z.B. die offizielle Studie des deutschen
Bundestags über die Auswirkungen

eines längeren Stromausfalls auf die Bundesrepublik) zeichnen ein düsteres Bild: Die Versorgung bricht zusammen, Unruhen brechen aus, die öffentliche Ordnung kann nur für einen kurzen Zeitraum bei großflächigen Problemen aufrechterhalten werden. Ein Blick in die Geschichte zeigt, dass unter größter Not die allgemein gültigen Moralvorstellungen nur wenig Wert besitzen hungernde Menschen machen auch vor Verbrechen nicht halt, um das eigene Überleben zu sichern.Ich habe mich mit dem Thema nach Lektüre verschiedener Bücher, Studien, Berichte gedanklich lange beschäftigt und beschlossen, dieses Dokument als "Notfallanleitung" zu erstellen. Ziel ist, im Ernstfall hier schnell hilfreiche Informationen greifbar zu haben und die von mir gesammelten Informationen an enge Verwandte und auserwählte Personen weitergeben zu können. Dieses Dokument geht von einer am "Tag X" eintretenden Krise aus und soll unterstützen, die richtigen Entscheidungen zu treffen, um sich selbst und seine Familie besonders zu schützen.Im Idealfall wird uns ein solcher Kollaps nie erreichen, dann war die Erstellung dieses Dokuments nur ein spannender Zeitvertreib. Wollen wir hoffen, dass es dabei bleibt.

Vorbereitung auf den Jüngsten Tag

Hinweise auf den drohenden Kollaps sind sicherlich schwer zu erkennen. Eine gewissedrohende Ausweglosigkeit aus einer Krisensituation sollte spürbar sein. Spätestens jetzt sollte man beginnen, sich vorzubereiten.Natürlich kommt es immer auf den personlichen finanziellen Spielraum, inwieweit dies überhaupt möglich ist. Eine kleine Vorratshaltung sollte aber selbst den kleinsten Geldbeutel nicht sehr belasten.

Was tun?

Sofern möglich, sollte man die eigenen Vorräte noch aufstocken. Wichtig sind vor allem Bargeld,Edelmetall (Gold, Silber) ‚Lebensmittel sowie Energie in Form von Batterien, Heiz-und Treibstoffen.In diesem Dokument gibt es eine umfassende Liste sinnvoller Gegenstände, welche dabei unterstützen soll, die richtigen Gegenstände zu besorgen und im Falle einer notwendigen Flucht nicht zu vergessen.Alle im Haushalt vorhandenen Akkus (auch in Geräten) sollten aufgeladen werden. Auch Batterien aus Uhren, Fernbedienungen,Kinderspielzeugen,usw. können sich durchaus
noch als nützlich erweisen und sollten bei Nicht Gebrauch eingesammelt werden.Um einem Ausfall der städtischen Wasser versorgung vorzubeugen, sollte man Wasser in größeren Mengen einlagern -der Weg zum nächsten Brunnen ist oft weit.Falls

man nicht bereits sportlich aktiv ist, sollte man mit einem täglichen Kraft- und Ausdauertraining beginnen, um sich für mögliche kommende Strapazen vorzubereiten.

Mobilität ermöglichen

Im Krisenfall ist es extrem sinnvoll, für den Notfall mobil zu bleiben. Gerade wenn die öffentliche Ordnung zusammenbricht, kann ein Aufenthalt in einer Millionenstadt sehr gefährlich werden.

Jeder fahrbare Untersatz, egal ob Auto, Motorrad oder Fahrrad
sollten nutzbar sowie mit Treibstoff und Öl versorgt sein;Werkzeug, Luftpumpen und Flickzeug sollten zur Verfügung stehen.

Natürlich sollte auch ein Ziel zur Verfügung stehen, eine eigene Immobilie,Verwandte möglichst abseits von großen Ballungszentren.

Ein Fluchtplan, im Idealfall mit mehreren möglichen Zielen sollte ausgearbeitet werden.

Notwendige Arztbesuche erledigen
Man muss immer davon ausgehen: Im Krisenfall ist eine ärztliche Versorgung, wenn überhaupt, nur schwer möglich. Aus diesem Grund sollte man möglichst gesund oder zumindest mit allen notwendigen Hilfsmitteln versorgt in eine solche Extremsituation gehen.Wenn möglich, sollten möglichst schnell noch offene körperliche Beschwerden von einem Arzt behoben werden (
z.B. Zahnarztbesuch) sowie ausreichend Medikamente für eine
längere Zeit ohne Versorgungsmöglichkeit besorgt werden.
Antibiotika können in einer Krise bei Krankheiten besonders nützlich sein, diese sollten neben der für den eigenen Bedarf notwendigen Medikation vorrangig besorgt werden.

Der Bug Out Bag-Das Konzept

kommt aus Amerika und bezeichnet einen Notfallrucksack, welcher mit den notwendigsten Gütern fertig gepackt bereit steht. Im absoluten Notfall, wenn die eigene Unterkunft schnell evakuiert werden muss, ist der Rucksack für jedes Familienmitglied immer zur Hand und man kann das eigene Überleben zumindest für die nächsten Tage sicherstellen bzw. die Überlebenschancen deutlich erhöhen.Ein Bug Out Bag sollte in Minimalkonfiguration folgenden Inhalt haben:Haltbare Lebensmittel (Trekkingnahrung, Panzerkekse, Wasserentkeimungstabletten)Kälte-und Wetterschutz (Regenschutz, Notfalldecke, Winterjacke)Originale/ Kopien wichtiger Dokumente Kompakte Behältnisse (Trinksack/ -blase, Tüten), um die Möglichkeit zu haben, unterwegs weitere Gegenstände/Lebensmittel/Wasser mit zu nehmen

Verteilung von Vorräten

Versteckte Vorratshaltung an verschiedenen Orten ist sehr sinnvoll Sollte der eigene Hauptvorrat aus welchen Gründen auch immer nicht mehr zugänglich sein, hat man so noch eine Notfall Grundversorgung, auf die man zugreifen kann.Neben dem Verstecken von Vorräten an zugänglichen Orten gibt es auch die Möglichkeit des Vergrabens von konservierten Lebensmitteln und anderen nützlichen Gegenständen, wasserdicht verpackt (z.B. in Weithalstonnen)an strategisch günstigen Orten.

Checklisten und Prioritätenlisten

Wichtig bei Notfall und Katastrophenübungen sind immer Checklisten um alle notwendigen Aktivitäten auszuführen und nichts zu vergessen.Gerade in Stressituationen ist es schwierig, sich auf Tätigkeiten ausreichend zu konzentrieren.Checklisten sind in solchen Zeiten wertvolle Gedankenstützen. Dafür sollte man sich unbedingt Zeit nehmen.Beispiele für Checklisten:

Flucht aus der Stadt:
Welche Taschen, Tüten, Koffer, Rücksäcke packe ich mit welchem Inhalt?Kaum jemand hat Werkzeug, Kleidung, Utensilien und sonstige Waren doppelt vorrätig und kann diese fertig zum Abtransport verpackt lagern.Wichtig ist auch die Information, wo die wichtigen Gegenstände im Haus / in der Wohnung verteilt sind.
Die Liste sollte so gut beschrieben sein, dass auch andere Personen im Haushalt damit arbeiten können.Flucht aus der Stadt:
Welche Gegenstände packe ich ins Auto?Was soll wo in ins Auto? Was

passt unter/zwischen die Sitze, was kommt in den
Kofferraum, in die Dachbox, den Anhänger.Was schnürre ich aufs Autodach?Was nehme ich noch mit, wenn ich eine zweite Gelegenheit habe, mit dem Auto meine Wohnung/mein Haus aufzusuchen.Letzte Vorbereitung: Welche Waren kaufe ich noch ein

Was ist zu tun?
Dies sollte die Hauptcheckliste sein, welche alle wichtigen Aktivitäten abdeckt, welche am Tag X zu erledigen sind.Diese Auflistung von Beispiel-Checklisten hat keinen Anspruch auf Vollständigkeit. Hier
ist jeder selbst gefragt, sich Gedanken zu notwendigen Tätigkeiten zu machen.Eine Priorisierung der Punkte sollte nicht vergessen werden, eventuell. hat man nicht die Möglichkeit, jeden Punkt einzuhalten.

Wertvolles Wissen erlangen
Hiermit ist jegliches Know-How

gemeint, welches in einer solchen Situation hilfreich sein kann, zum Beispiel: Sanitätsausbildung ‚Stricken, Gartenbau, sonstige handwerklichen Fähigkeiten, Autogenes Training, Kräuterkunde, Kampfkunst, ...Erlernte Fähigkeiten können im Tausch mit Lebensmitteln und anderen Gütern angeboten werden und so das Überleben zusätzlich absichern.

Verhaltenstipps

Am wichtigsten ist, keiner außenstehenden Person zu erzählen, dass man sich vorbereitet. Im Krisenfall kann es so große, gar lebensbedrohliche Probleme geben, wenn plötzlich Verwandte und Bekannte vor der Tür bettelnd oder drohend stehen und womöglich noch weitere Personen anziehen.Es sei denn natürlich man spricht mit Gleichgesinnten. Verbündete sind wichtig und gegenseitige Unterstützung kann Gald wert sein.Auch direkte

Familienmitglieder müssen entsprechend vorbereitet werden. Die eigenen Kinder sollten besser nicht oder so spät wie möglich in die Thematik involviert werden, Kinder können oft Geheimnisse nicht für sich behalten.

Die sichere(re) Zuflucht

Vor allem in Ballungsgebieten werden Sicherheit und Ordnung aufgrund der zahllosen Menschen am wenigsten aufrecht zu erhalten sein. Bereits eine kurze Phase der Unsicherheit sorgt dafür, dass sich der Mensch auf se ine Überlebensinstinkte besinnt Plünderungen und Straftaten werden sich unkontrollierbar ausbreiten, sobaldes den Menschen am Nötigsten fehlt. Hier empfehlen sich ländliche Regionen, am besten fernab von der nächsten Stadt oder Autobahn, als sichere Zufluchtsorte.

Nun hat nicht jeder ein Feriendomizil in solch geeigneten Gegenden. Der

Entfernungsfaktor gibt hier aber einen großen Vorteil auf die Hand: Die Mieten/Kaufpreise für geeignete Objekte sind sehr günstig. Im Idealfall kann man sich eine kleine Wohnung oder ein Haus als persönlichen Unterschlupf einrichten.Sollten alle Stricke reißen und man verfügt nicht über eine Unterkunft am Tag X ,kann man sicherlich mit ausreichend Bargeld/Silber/Gold das ein oder andere Mietobjekt kurzfristig beziehen, direkt auf der Flucht (Absoluter Notfallplan! Halbwegs vertrauenswürdiger Vermieter und Glück vorrausgesetzt).Auch enge Verwandte, Freunde oder Bekannte, welche in solchen Regionen leben, kommen als Ziel in Betracht. Hier sollte aber eingeplant werden, diese im Notfall mit
durchzufüttern oder vorher bereits als Gleichgesinnte zu aktivieren.
Am Jüngsten Tag

In diesem Dokument ist mit „Tag X" der Tag gemeint, an dem die Bevölkerung realisiert,
dass eine Krise mit höchster Wahrscheinlichkeit von Dauer ist.
Eine allgemeine Unruhe oder gar Panik tritt ein und jeder versucht schnellstmöglich für sich die bestmögliche Ausgangslage für das Überstehen der Krise zu schaffen. Gesammelte Erfahrungen aus anderen Krisen zeigen, dass es die Masse der Leute zuallererst in Supermärkte, zu Tankstellen und Apotheken zu Hamsterkäufen treibt.Nachfolgend finden Sie Tipps zu letzten Vorbereitungen
für eine folgende Zeit ohne öffentliche Ordnung und ohne geregelte Versorgungslage

Der letzte Einkauf

Wenn möglich, sollte man möglichst schnell einen Hamsterkauf b
ei Supermarkt, Baumarkt und Apotheke

starten. Tankstellen, Kiosks, Snackautomaten als Ausweichmöglichkeiten nicht vergessen.

Mit mehreren Personen in alle Richtungen ausschwärmen. Für diesen Fall sollte man immer etwas Bargeld zur Verfügung haben,um nicht auf Geldautomaten oder Kartenzahlung angewiesen sein zu müssen, welche aus verschiedensten Gründen nicht funktionieren können.

Top Priorität haben Lebensmittel. Wenn diese nicht zu bekommen sind, sollten andere sinnvolle Gegenstände(z.B. Feuerzeuge, Batterien)erworben werden, welche später als Tauschobjekte zur Beschaffung von Lebens mittel verwendet werden können.

Sollte es im Rahmen der von der Allgemeinheit als ausweglos wahrgenommene Situation zu Plünderungen oder anderweitigen

Ausschreitungen kommen, sind solche gefährlichen Orte
unbedingt zu meiden, die eigene Sicherheit und körperliche Unversehrtheit sollte im Vordergrund stehen.

Was ist wichtig?
Die eigene Umgebung muss im Auge behalten werden. Wie ist die Sicherheitslage im eigenen Stadtviertel? Kann man sich noch sicher bewegen? Gibt es Gerüchte? Vorsicht ist besser als Nachsicht. Man muss bereit sein, im Notfall innerhalb kurzer Zeit handeln zu können.

Rückzug aus der Großstadt
In einer Studie zu einem großflächigen Stromausfall wurde angenommen dass die öffentliche Ordnung für maximal sieben bis acht Tage aufrechterhalten werden kann, danach droht Anarchie. Wenn man absehen kann, dass die aktuelle Krise länger andauern wird, sollte man spätestens am vierten oder

fünften Tag die Stadt verlassen und einen weniger stark bevölkerten Aufenthaltsort aufsuchen, sofern möglich.Reisetipps-Um das Stadt-Zentrum oder besser noch um die Stadt herum fahren, Staus und Menschen Ansammlungen vermeiden, nicht unnötig auffallen.Immer einen Plan B haben, für den Fall, dass das erste Ziel nicht (direkt) erreichbar ist.Einplanen, dass das Fahrzeug nicht die ganze Strecke nutzbar sein könnteund im Notfall verlassen werden muss (- Wichtigste Gegenstände in Rücksäcken und Taschen griffbereit transportieren!) Autobahnen möglichst meiden, Landstraßen durch weite Felder und dunkle Wälder sind unauffälliger.

Nach dem Zusammenbruch

Die Krise dauert an, jeder ist auf sich allein gestellt. Nachfolgend wichtige Tipps für die Zeit nach dem Tag X.

Verhalten und Psychologie

Keine Informationen über Aufenthalt

an Fremde geben, allgemein unauffällig verhalten, „öffentlich mit leiden". Es sollten keine Rückschlüsse auf eine im Vergleich zur Allgemeinheit besseren persönlichen Situation gezogen werden können.Tarnklamotten und Endzeit-Rambo-Auftreten im Alltag sind unbedingt zu vermeiden!

Das Standardequipment für Unterwegs

Der Tagesrucksack sollte möglichst unauffällig sein.sowie nur das absolut Nötigste enthalten.Wichtig ist immer etwas Essbares, Trinkbares und Wärmendes, man weiß nie, aus welchem Grund man vielleicht nicht sofort in die eigene Unterkunft zurück kann.Man sollte sich aber immer darauf einstellen, den Rucksack im Notfall auch zurücklassen zu müssen

Absicherung der Unterkunft und Umgebung

Über die Absicherung der eigenen Unterkunft sollte unbedingt

nachgedacht werden. Eine Wache(oder auch ein Wachhund, welcher ungebetene Gäste wittert) ist je nach Schwere der Situation zusätzlich zu empfehlen.Verschiedene Sicherungsmaßnahmen (Fallen, Stacheldraht, Bretterverschlag) sind auch sinnvoll; wichtig
ist hier, dass diese nach außen unsichtbar sind, um nicht unnötig Aufmerksamkeit auf sich zu ziehen und Begehrlichkeiten bei Beobachtern zu wecken.Zufahrtstraßen zu einsamen Siedlungen sollten möglichst blockiert oder zumindest überwacht werden (Extrem-Szenario: Dank gehärtetem Stahl kugelsicherer Muldenkipper mit hungriger und bewaffneter Fracht ist auf der Suche nach Vorräten unterwegs im Hinterland)

Zusammenhalt der Familie und Bildung von Allianzen

Neben der Versorgung mit Lebensmittel und Medikamenten ist

Mannstärke besonders wichtig. Wer sich mit seiner Familie zusammentut und sich seinen Nachbarn verbündet hat bessere Karten, eine Krise unbeschadet zu überstehen.Eine gemeinsame Patrolie zur Absicherung der Umgebung bietet sich an, auch gegenseitiges Tauschen von Gütern/Dienstleistungen
ist denkbar.

Liste sinnvoller Gegenstände
Die nachfolgende Liste nützlicher Gegenstände hat zwei Hauptzwecke: Zum einen soll sie Unterstützung für den Einkauf zur Bevorratung bieten und außerdem als Packliste dienen, sollte man die eigene (Haupt-)Unterkunft verlassen müssen.Die Liste ist auf die notwendigsten Güter reduziert. Mit einem N markierte Gegenstände sind "nice-to-have", also nicht zwingend notwendig, es sei denn die finanziellen Mittel sind hierfür

vorhanden und der Platz im (Flucht)Fahrzeug ist von den anderen Gütern noch nicht restlos belegt.

Essen Eigener Vorrat
(Kühlschrank, Gefrierfach)Konservendosen & Gläser Obst & Gemüse,Nudeln, Reis, Mehl, Bohnen, Getreide Babynahrung,Outdoor-& Survivalnahrung BP5, Trekking Kekse, EPAs, MREs, Beef Jerky, Trockennahrung, etc.,Vitamine & Nahrungsergänzung Magnesium, Omega 3, Vitamin C, Zink, B12-Präparate, Kombiprodukte, etc.,Salz, Suppenpulver, Brühe & Würzmittel Salz, Brühwürfel, Würzpulver, Suppen, etc.,Milchprodukte & Eier Schokolade & Süßigkeiten,Honig & Zucker,Nüsse & Trockenobst,Diät-und Fitnessnahrung,Tierfutter

Getränke

Eigener Vorrat-Wasser, Alkohol, Kaffee & Tee(-Taback)

Flucht Seesack

Bist du gut vorbereitet? Finde es heraus. Dein Buch für Krisen Vorsorge und Hintergrundwissen Survival Ausrüstung – nützliche kleine Helfer Allgemein **Krisenvorsorsorge**, Überleben, Fluchtrucksack, Notvorrat, Survival, Selbstschutz, Überlebensausrüstung, Survival Ausrüstung – nützliche kleine Helfer Was bringt der beste Fluchtrucksack ohne die passende Survival Ausrüstung? Plane deine Survival Ausrüstung sorgfältig und stimme sie mit den Landschaftsmerkmalen in deiner Heimat ab. Wohnst du in der Nähe von Waldgebieten, großen

Gewässern oder urbane Verhältnisse? Erstelle einen Plan und notiere die wichtigsten Ausrüstungsgegenstände. Schließlich willst du nicht 30 KG an schwerer Ausrüstung mit dir tragen. In Krisenzeiten kann Schnelligkeit und Flexibilität den Unterschied machen.

Sawyer MINI Wasserfilter Outdoor Camping Trekking Wasserfilter

Der Sawyer MINI Filter ist ein ultraleichter und kompakter Wasserfilter für Camping, Outdoor, Hiking und Trekking. Er ist so klein, dass er in die Handfläche passt und somit viel kleiner und leichter (nur 45g.) ist als viele der anderen gängigen Wasserfilter auf dem Markt. Dies ist ein wichtiger Faktor um deinen Fluchtrucksack möglichst optimal zu packen –

keine großen und sperrigen Tools, sondern kleine und flexible. Der Sawyer MINI Wasserfilter funktioniert rein physikalisch und entfernt 99.99999% von allen bekannten Bakterien wie z.B. Salmonella, Cholera oder E.coli sowie 99.9999% von allen Protozoen wie Giardia oder KryptosporidienDer Filter muss nicht ausgetauscht werden und das gefilterte Wasser schmeckt wie stilles Wasser aus der Flasche und nicht nach Chemikalien. Einfach den Beutel an einem See, Bach oder Fluss füllen, den Filter direkt auf den Beutel schrauben und drücken. Das gefilterte Wasser läuft direkt in die Wasserflasche. Alternativ kann man auch direkt aus dem Filter oder mit einem Trinkhalm aus dem Bach oder

Fluss trinken. Mikrofilter halten durch ihre mikroskopisch kleinen Poren (Porengröße 0,2 bis 0,4μm) Erreger mechanisch zurück. Der Großteil der Erreger v.a. Bakterien, Ein- und Mehrzeller passen nicht durch die Poren und bleiben stecken. Kleinste Erreger z.B. Viren können aber nach wie vor durchdringen. Kombifilter mit Aktivkohle können hier noch zusätzlich kleinste Erreger sowie Geschmacks- und Geruchsstoffe binden. Besonders für kleinere Mengen sind Filter gut einsetzbar und das Wasser steht rasch zur Verfügung. Je nach Verunreinigung bzw. Trübung des Wassers muss dann der Filter gereinigt oder ausgewechselt werden. Punkte wie Gewicht des Filters, Anschaffungskosten und laufende

Wartung sind hier zu diskutieren. Gehört in jede Survival Ausrüstung!

Duramaxx Yellowstone tragbares Akku Radio Camping Radio mit Taschenlampe

Der komplette Stromausfall gehört wohl zu den bekanntesten Krisenszenarios. Doch wie kannst du deine Survival Ausrüstung planen um diesen Szenario zu trotzen? Um auf Empfang zu bleiben, empfehle ich mobile Radios mit Zusatzfunktionen. Seine Campingfähigkeiten belegt das Gerät mit einem krisensicheren Energieversorgungskonzept. So lässt sich der integrierte Akku wahlweise über das obenliegende Solarmodul oder über einen seitlich verbauten Kurbeldynamo aufladen. Unter weniger extremen

Bedingungen bezieht das Gerät seine Strom vom USB-Port am Computer. Darüber hinaus besteht auch die Möglichkeit, externe Gerätschaften wie z.B. Mobiltelefone und MP3-Player am USB-Port oder Lade-Ausgang mit Spannung zu versorgen.
Portables Camping-Radio mit integrierter LED-Taschenlampe | UKW/MW-Radiotuner und integrierter Lautsprecher | Möglichkeit zur Hilfsstromerzeugung via Solarpaneel oder Kurbeldynamo USB-Port mit Ladefunktion für mobile Geräte wie Telefon oder MP3-Player | handliches Gehäuse mit Hartgummischutzkante und praktischer Trageschlaufe Anschlüsse: 1 x USB-Port, 1 x Lade-Ausgang (Kabel optional

erhältlich), 1 x 3,5mm-Klinken-Kopfhörer-Ausgang | beleuchtetes LCD-Display | Uhrzeitanzeige
Das DURAMAXX Yellowstone ist ein naturverbundenes Radio mit umfangreichen Zusatzfunktionen. | Zur Grundausstattung gehört der UKW/MW-Radiotuner sowie ein integrierter Stereolautsprecher. Das blau beleuchtete LCD-Display bildet neben der eingestellten Sendefrequenz auch die aktuelle Uhrzeit ab.

Das Duramaxx Yellowstone ist ein naturverbundenes Radio mit umfangreichen Zusatzfunktionen. Zur Grundausstattung gehört der UKW/MW-Radiotuner sowie ein integrierter Stereolautsprecher. Das blau, beleuchtete LCD-Display bildet neben der eingestellten Sendefrequenz auch die aktuelle

Uhrzeit ab. Weiter ausgebaut wird der praktische Nutzen durch eine integrierte LED-Taschenlampe. Mit seinen kompakten Abmessungen und dem geringen Gewicht findet das Duramaxx Yellowstone selbst in den entlegensten Winkeln einen geeigneten Platz.

Elite Force Outdoormesser

Auf deinen bevorstehenden Abenteuern im Überlebenskampf solltest du immer einen treuen Begleiter an deiner Seite haben. Dazu zählen u.a. ein Schäferhund – oder wenn gerade der Hund gerade nicht verfügbar ist – ein Surival Messer. Das Elite Force 703 KIT Outdoormesser Elite Force Messer liegt durch hochwertige Beschalung gut in der Hand. Sie sind für den Outdooraktivisten konzipiert und bieten durch ihre taktische Ausrichtung optimale Einsatzbereitschaft. Oberschenkel-Tragesystem Feuerstarter, Schleiffläche Gurtschneider Outdoormesser. Das Elite Force EF 703 Kit ist ein Survival-Messer, dessen Ausstattung und Zubehör dem Anwender einen hohen Verwndungszweck bieten. Die mattschwarze, stabile Klinge aus 440er Stainless Steel hat einen partiellen Wellenschliff; der durchgehende Erl ist am Ende des TPR-beschichteten Kunststoff-Formgriffs verschraubt und schafft somit eine extrem belastbare Einheit. Die Multifunktionsscheide des EF 703 Kit wird mit drei Schlaufen in einem Oberschenkel-Tragesystem aus Nylon befestigt und hat eine Halterung für den mitgelieferten Feuerstarter sowie eine integrierte Schleiffläche. Zur weiteren Ausstattung des Elite Force EF 703 Kit gehört ein handlicher Gurtschneider aus 440er Stainless Steel, der in einer Tasche auf der Rückseite des Oberschenkel-Tragesystems verstaut wird.

Gewicht: 215 g

Klingenlänge: 124 mm

Gesamtlänge: 260 mm

Klingenmaterial: 420 Stainless Steel Ebenfalls praktisch finde ich die Möglichkeit, bei der individuellen Krisenvorsorge auf bereits fertig zusammen gestellte Survival-Kits zurückgreifen zu können. Meine persönliche Meinung: Wenn es schnell gehen muss, greife auf fertige Sets zurück. Hier findest du eine Auflistung meiner Empfehlungen. Hast du jedoch Spaß und Zeit an der Zusammenstellung deines Fluchtrucksacks, nimm sie dir.

Tactical Paracord Tomahawk

Das TACTICAL PARACORD TOMAHAWK, die Giftschlange unter den Wurf-Beilen/Äxten. Im Feld wird es dir sicherlich gute Dienste erweisen. Als Nahkampfwaffe und zur Tierabwehr ist diese Axt sehr wertvoll und ist ein echter klassiker innerhalb einer guten Survival Ausrüstung.

Hier die Details im Überblick:
Gefertigt aus 100% Edelstahl
Kopftasche aus 100% Nylon
Gewicht: 350g
Gesamtlänge: 28cm
Klingenlänge: 7cm
Paracordschnur als Handgriff für

perfekten Grip
Kuhfuss/Dorn verwendbar als
Montiereisen/Brecheisen um z.B.
Metall aufzuhebeln
Dieses TACTICAL PARACORD
TOMAHAWK ist aus einem Stück
gefertigt und ein unverwüstliches
Wurfbeil aus 100% Edelstahl.
Durch seine Flache und schnittige
Konstruktion hat es perfekte
Flugeigenschaften und ist ultra
präzise. Der Kuhfuss am Ende des
Axtstiehls lässt sich hervorragend
als Brecheisen oder Blechschneider
verwenden.Dieses Tomahawk
braucht einfach jeder für seine
Taktische Ausrüstung und gehört
in deinen Fluchtrucksack.
Egal wie und warum du auf der
Flucht bist, du brauchst einen Platz
zum Kraft tanken. Mit einem
kleinen 1 Mann Zelt bist du vor

jeder Witterung geschützt. Außerdem kannst du hiermit deine Reichweite für deine Expeditionen drastisch erhöhen. Die richtige Survival Ausrüstung vorausgesetzt, lässt sich mit diesem Kommando-Zelt auch wilde Zeite überstehen. Hier die Details im Überblick:
Größe: 240 x 135 x 85 cm
Einmannzelt in kompakter, wind- und sturmsicherer Form, Reißverschluss im Eingangsbereich ermöglicht bequemen Zugang, Abstellmöglichkeit für Ausrüstung im Vorraum, Lüfter rechts und links, Moskitonetz im Eingang
Außenhaut:190T Polyester, Polyurethan beschichtet Nähte getaped Wassersäule: 1200 mm
Innenzelt: 190T Polyester, Polyurethan beschichtet

Wassersäule: 800 mm
Zeltboden:
210D Oxford Polyester,
Polyurethan beschichtet
Wassersäule: 1500 mm
Fiberglasgestänge:
2 Stangen, Durchmesser 8,5 mm
1 Stange, Durchmesser 7,9 mm
In Notsituationen sollte man sich auf sein Equipment absolut verlassen können. Auch ein guter Schlafsack sollte unbedingt zu deiner Survival Ausrüstung gehören. Der Mivall Defender Armeeschlafsack erfüllt alle Erwartungen und Features die du zum Überleben dort draussen benötigst.Sehr komfortable Temperaturwerte auch für kalte europäische Nächte und ein extrem ausholendes Platzangebot bietet dieser olive Schlafsack aus der

„Survival" Linie.
Leichte und stabile Aussenmaterialien sind geschaffen für den Einsatz direkt in der Natur. Übernachtungen in Schneenächten liegen dem Defender genau so wie in zugigen Ecken des Waldes. An der Innenseite des Reißverschlusses wurde eine extra Isolierschicht angebracht, um Kältebrücken zu vermeiden. Gleichzeitig wird der Zip mittels einer grossen Abdeckleiste von aussen versehen. So wird Wind abgehalten. Temperaturwerte: Comfort: -9°C, Extrem: -26 °C Einsatzbereiche: Survival, Bushcraft, Jagt und Fischen, – Geländewagen- und Rucksackreisen, Outdoor , militärischer Einsatz – Naturbeobachtung, dauerhafte Benutzung in Zeltcamps,

Expeditionen in kalte Regionen Außengewebe: Rip Stop Force-Carv 100% Polyamid – Innengewebe: Rip Stop soft Force-Carv 100% Polyamid – Füllung: Hohlfaser (wärmt auch in feuchtem Zustand) – ReflectShield Ausstattung erhöht Wärmeschutz des Schlafsacks durch extra Isolierung – Zentralerzipper für bequemen Ein/Ausstieg – breite Abdeckleiste über dem Zipper – EinWeg- DoppelZipper 135 cm – mit Innentasche für Dokumente, GPS oder Handy, verschliessbar – Schlafsacklänge: 230cm – Körpergröße: max. 205cm geeignet – Breite Schulter: 90cm – Breite Fußende: 60cm – Packmaß: 23x47cm – Packmaß komprimiert: 22x37cm – Gewicht: 2.500g (ohne Packsack) – mit

Kompressionspacksack, wasserabweisend beschichtet – Farbe: Oliv

Produkte zur Selbstverteidigung

Wappne dich für die kommenden unsicheren Zeiten Dein Fluchtrucksack benötigt die passenden Ausrüstung um dich effektiv schützen zu können. Wie du in letzter Zeit sicherlich festgestellt hast, leben wir in Zeiten großer Umbrüche – leider mit der Tendenz zum negativen. Die Gefahren für dich und deine Gesundheit lauern an jeder Ecke – ob du dich für einen System-Kollaps vorbereiten willst, oder deine Präferenz auf der Selbstverteidigung im Alltag liegen – hier findest du interessante Produkte zur Selbstverteidigung, die dein Leben ein wenig sicherer

machen können und in jeden Fluchtrucksack gehören.
Persönliche Unversehrtheit ist eines der fundamentalsten Bedürfnisse des Menschen – leider können „unsere" Politiker dies nicht mehr garantieren und die öffentliche Ordnung scheint sich immer weiter ins negative zu wandeln. Ich persönlich rate dir, auch in diesem Bereich eine kluge Krisenvorsorge zu betreiben. Schau dich ein wenig um, vielleicht spricht dich eines der vorgestellten Produkte an und du beschließt, diese in deinen Fluchtrucksack zu packen. Kombiniere deine Selbstverteidigungs-Ausrüstung mit weiteren Survival-Tools und einem robusten Fluchtrucksack um für alle Herausforderungen vorbereitet zu sein.Pfefferspray ProSecure,

balistischer Strahl bis 4m, 53 ml von Walther Pfefferspray Ein echter klassiker der Firma Walther ist das Pfefferspray ProSecure. Der ballistische Strahl mit einer Reichweite von bis zu 4 Metern hält unliebsame Angreifer sicher auf Distanz. Dank der besten Kunden-Bewertungen gehört dieses Produkt in jeden Fluchtrucksack. Durch das geringe Gewicht lässt sich das Pfefferspray aber auch in jeder Hossentasche sicher transprotieren.

Gewicht: 75g
Inhat: 53ml
Reichweite: 4m
Wirkstoff: 10% OC / 2 Millionen Scoville
Strahl: ballistisch
PowerMax Elektroschocker 500 000 Volt Taser

Eine weitere effiziente Methode unliebsame Angreifer schnell zu stoppen is der POWER Max – 500.000 V Elektroschocker ist für professionellen Einsatz bei Sicherheitsunternehmen, bei der Polizei und für jedermann bestimmt, wer sich effizient verteidigen will. Im Unterschied zum Elektroschocker POWER 200, der von einer 9V alkalischen Batterie gespeist wird, wird das Modell POWER Max mit zwei Batterien betrieben, wodurch er eine höhere Leistung hat. Einer der wichtigsten Vorteile des Elektroschockers POWER Max ist die Handschlaufe mit einem Sicherungsstift. Diese das Handgelenk umschlingende Schlaufe setzt den Elektroschocker sofort außer Betrieb, sobald er vom

Angreifer aus Ihrer Hand gerissen wird. Vor einer unbeabsichtigten Entladung schützt Sie ein Sicherungsschalter.
Piexon Tierabwehrgerät Jet Tierabwehr -Wildschwein
Falls es notwendig sein sollte, „schweres Geschütz" aufzufahren – wenn dein improvisiertes Lager im Wald z.B. von einer Horde Wildschweine oder Wölfen besucht wird, kann sich diese Investition in deine Sicherheit lohnen. Ein Tierabwehrgerät der neuesten Generation. Der JPX Jet Protector steht bei internationalen Elite-Einheiten im Einsatz und hat sich dort bestens bewährt.Patentierte Technologie aus der Schweiz!
Bei dem JPX Jet Protector wird der Reizstoff Oleoresin Capsicum in 10%iger Konzentration verwendet.

Dies ist die stärkste Menge, die in Deutschland zugelassen ist und wesentlich wirkungsvoller, als herkömmliches Pfefferspray. Der Wirkstoff Oleoresin Capsicum wird aus dem Fruchtfleisch von Chilipflanzen gewonnen. Es ist ein natürlicher, farbloser Wirkstoff, der nicht ätzend ist.Die effektive Reichweite des JPX liegt bei bis zu 7 Metern. Bei einer Geschwindigkeit von bis zu 650 km/h ist eine Beeinträchtigung durch Gegen- oder Seitenwinde nahezu ausgeschlossen.Der Erwerb und das Führen des JPX sind in Deutschland ohne Bewilligung erlaubt. Das Gerät darf in Deutschland ausschließlich zur Tierabwehr eingesetzt werden. Unkompliziert und sofort einsatzbereit!Der JPX Jet Protector ist sehr bedienerfreundlich und ohne Vorbereitung einsetzbar. Es ist keine Ladebewegung und kein Spannen oder Schütteln nötig. Einfach den Abzug durchziehen und die erste Ladung wird aktiviert. Nach dem Abschuss der ersten Ladung schaltet das Gerät automatisch auf die zweite Ladung um. Das Nachladen ist sehr einfach und gelingt in Sekundenschnelle. Groß in der Wirkung – Klein im Format!

Der JPX Jet Protector lässt sich unauffällig mitführen. Mit einem Gewicht von ca. 580 g und einer Länge von 18,5 cm ist er der ideale Begleiter und passt somit in jeden Fluchtrucksack.

Als Zubehör sind verschiedenste Holster erhältlich, die ein Tragen des Gerätes in nahezu allen

Positionen ermöglichen.
Technische Daten und Details:
  7 Meter Einsatzdistanz
  Höchste Treffsicherheit
  Erwerben und Führen ohne Bewilligung
  Keine Ablenkung durch Seitenwind
  Kein Druckverlust
  Gewicht: 580 g
  Strahlgeschwindigkeit: 180 m/s (650 km/h)

SCHLEUDER Pocket-Shot – Schnell, Stark, Präzise
Die Macher der Pocket-Shot übernahmen die Grundfunktion der **Schleuder** und verwarfen das klassische Design der Zwille. Durch dieses revolutionäre Konzept konnten praktisch alle Leistungswerte einer Stein**schleuder** massiv gesteigert

werden. Verteidige dein Hab und Gut vor marodierenden Banden welche deine Vorräte plündern wollen!

Bis zu dreifache Fluggeschwindigkeit: Die Pocket Shot schießt mit dem regulären Modul 300 fps bzw. 350 fps mit dem Power-Modul. 350 fps entsprechen 350 km/h. Pocket-Shot Munition aus Carbon-Stahl erreicht mit dem Power-Modul einen Energiewert von ca. 12 Joule. Das entspricht der vielfachen Geschossenergie konventioneller Stein**schleuder**n und Luftdruckwaffen (in DE max.7,5 Joule erlaubt). Hohe Präzision: Die Pocket Shot-lässt sich schnell und präzise auf Ziele ausrichten und lässt sich aufgrund der geringen Größe gut in deinem

Fluchtrucksack verstauen. Die hohe Geschossgeschwindigkeit stellt eine stabile Flugbahn auf über 25 Meter sicher. Hohe Schussfolge: Im Vergleich zur konventionellen **Schleuder** können mit etwas Übung wesentlich mehr Projektile treffsicher auf das Ziel abgegeben werden. Die Pocket-Shot wiegt 55 Gramm und läßt sich kompakt auf 6 x 2 cm verstauen. Sie können die extrem leistungsfähige **Schleuder** immer und überall in der Hosentasche dabei haben. Geniales Design bis ins Detail: Durch den Schraubdeckel kann die Munition direkt in der Pocket Shot mitgeführt werden. Mit optionalem Zubehör wie dem zerlegbaren Pocket-Arrow lässt sich das Leistungsspektrum der Pocket-Shot noch weiter ausbauen. Hochwertige

Materialien wie faserverstärkter Kunststoff macht die Pocket-Shot äußerst robust und langlebig. Verbrauchte Latextaschen können günstig nachgekauft und ausgetauscht werden. 100 % Made in USA.Verschießt Stahl-, Keramik-, Airsoft- und Paintballkugeln, Murmeln, Steine und vieles mehr.

Oramics Kubotan
Mit diesem praktischem und effektiven Druckverstärker bist du gut gewappnet für Nahkampfangriffe. Das Wirkprinzip ist dabei ganz einfach. Durch das Verhältnis zwischen Kraft und Fläche, erhöht sich der Druck bei größer werdender Kraft bzw. kleiner werdenden Fläche. Deine gesamte Kraft konzentriert sich somit auf dem Ende der

Spitze. Somit zerstörst du mit Leichtigkeit Scheiben oder schlägst Angreifer schmerzhaft in die Flucht.Leicht zu transportieren als Schlüsselanhänger – da macht dieses Selbstverteidigungs-Tool zum echten Geheimtipp.
Aus Leichtmetall mit Schlüsselring.
Länge 140 mm

Selbstverteidigungs- Regenschirm

Eine wirkliche tolle Möglichkeit für die Selbstverteidigung So bist du gegen viele Angriffs-Szenarien (besonders in **Urban**en Gebieten) gewappnet.Ein Regenschirm mit seinem unauffälligen Erscheinungsbild stellt eine wirkungsvolle Alternative zu herkömmlichen (Teleskop-) Schlagstöcken dar, die nach dem deutschen Waffengesetz mittlerweile nicht mehr ohne Weiteres geführt werden dürfen. Trotz seines geringen Gewichtes von lediglich 700 Gramm gleicht die Schlagwirkung des Schirmes dennoch der eines Stahlrohres. Desweiteren lässt er sich hervorragend zur Abwehr von Tritten, Schlägen oder auch Messerattacken verwenden – auch in Kombination mit klassischen Selbstverteidigungstechniken. Der Regenschirm erfüllt selbstverständlich auch die Eigenschaften eines herkömmlichen Schirmes und schützt vor Wind und Wetter. Da bei der Herstellung weder ungewöhnliche Materialien, noch mehr Metall als bei herkömmlichen Regenschirmen üblich verwendet wurden, kann der Regenschirm

überall mit sich geführt werden – beispielsweise auch in Flugzeugen oder Amtsgebäuden .
Wenn draussen das Chaos herrscht, da es seit Wochen keine Stromversorgung und keine Lebensmittel mehr zu kaufen gibt, ist es beruhigend zu Wissen, dass du deine Vorräte und taktische Ausrüstung gut verteidigen kannst. Mit der Pfefferspray Pistole schlägst du hungrige Tiere und kriminelle in die Flucht.
Pfefferspray Pistole mit Strobe LED-Blitzlicht ist ein perfektes Reizstoffsprühgerät sowohl für Selbstverteidigung als auch für Haussicherheit.Highlights: Strobe LED-Blitzlicht – unsichtbarer UV-Farbstoff – beeidruckende Reichweite – Präzision – leichte Handhabung.Batteriebetrieb wird

nur für das LED-Licht benötigt.

Tactical Kubotan Pen Kugelschreiber Mehrzweckstift MPP aus Flugzeug Aluminium CF007 – für jede Extremsituation Handlicher geht es kaum – der „taktische Kugelschreiber" ist mir selber neu, aber ich muss sagen dass ich die Idee dahinter sehr gut finde. Selbstverteidigung und praktischer Nutzen vereinen sich in diesem Produkt. Für Kommando-Einsätze in welchen du Kartenmaterial beschriften musst, eignet sich der Kugelschreiber bestens.Mit diesem vielseitig einsetzbaren Stift sind Sie für sämtliche Lebenslagen gerüstet. Er dient natürlich primär als hochwertiges Schreibgerät.Der mit breiten Rillen versehene Griffkörper ist aus leichtem

Flugzeug Aluminium und liegt sehr angenehm in der Hand. Er wiegt nur 36,0 g.An der Spitze ist ein Glasbrecheraufsatz. Durch Abdrehen des hinteren Teils kommt der Kugelschreiber zum Vorschein. Die Kugelschreiber Miene ist austauschbarDurch den Gürtelclip hat man den Pen immer griffbereit am Gürtel.Im Falle eines Unfalles, bei blockierten Türen, können Sie den in dem Tactical Pen integrierten Glasbrecher nutzen, um sich oder die verletze Personen aus einem PKW zu befreien. Ein weiterer Nutzen dieses vielseitigen Produktes ist als Kubotan zur Selbstverteidigung. Durch den stabilen Clip für den Gürtel bleibt er stets griffbereit. Durch Aufdrehen des hinteren Teils des Stiftes kann man den Stift

zum Kugelschreiber um
Ein Tactical Pen (auch Kubaton genannt) ist eine Selbstverteidigungswaffe, die in verschiedenen Kampfkünsten Verwendung findet. Der Umgang mit dem Kubotan wird zur Selbstverteidigung erlernt. Dieses wird in verschiedenen Kampfkünsten wie dem Kobudo, Modern Arnis, ATK, Krav Maga, und Ju-Jutsu, Karate oder Jiu Jitsu unterrichtet.
- Gewicht: 37,0 g
- Länge: 15,0 cm
- Durchmesser: 1,5 cm

Ein handliches und leichtes **Tierabwehrgerät**, das auf einer grundsätzlich anderen Technologie als handelsübliche Pffeffersprays basiert. Damit du in deinem Unterschlupf sicher bist wenn die

Zeiten stürmisch werden.
Erwerben und Führen ohne Bewilligung!

BU Stichschutzweste – Tactical Unterziehweste

Manchmal muss man einfach für die extra Portion an Schutz sorgen, denn wenn die Dämme erstmal brechen ist es besser für wirklich alle Eventualitäten gewappnet zu sein. Diese Schutzweste kann bequem z.B. unter einem Sweatshirt oder Pullover getragen werden. Die stichhemmenden 2,2 mm dicken Kunststoffplatten befinden sich im Rücken- und Brustbereich. Der Bauch und Brustbereich ist zusätzlich mit einer ca. 1,2 mm starken Aluminiumplatte geschützt. Diese kann dem Körper angepasst werden. Damit die Weste auch gereinigt werden kann, können mittels Klettverschluss die Schutzplatten entnommen und wieder eingesetzt werden. Das Obermaterial der Weste ist aus schwarzem Polyester.

Mindestens genauso wichtig wie das richtige Equipment der Krisenvorsorge, ist das passende Wissen welches du in deinem Fluchtrucksack immer dabei hast. Ich empfehle dir, möglichst viel Bücher über Themen wie Krisenvorsorge, Geopolitik und Gesellschaftsanalyse zu lesen. Das erlernte Wissen hilft dir im Notfall die richtigen Handlungen zu vollführen. Außerdem haben Bücher einen großen Vorteil gegenüber Vorträgen und Videos: Sie sind „ganz analog" und stehen dir auch zur Verfügung, wenn das

System kollabiert und z.B. kein Strom zur Verfügung steht. Mal schnell googeln wie der Wasserfilter funktioniert oder auf der Suche im Netz nach Überlebensstrategien? Fehlanzeige. In Form eines Buches ist das Wissen „autark" und jederzeit verfügbar. Hier findest du meine Empfehlungen, vielleicht spricht dich ja ein Buch spontan an. Packe es in deinen Fluchtrucksack und sei auf alles vorbereitet!
ISBN - 9783837067446
ISBN - 978-3-7392-4406-8
ISBN - 3739244062
www.amazon.de/dp/9781520344720/
www.amazon.de/dp/1520383444/

Perfekte Krisenvorsorge – Überleben, wenn Geld wertlos wird und die Geschäfte leer sind

Dieses Buch 1 kann ich dir besonders ans Herz legen. Wir leben in einer Zeit der großen Krisen. Die Weltwirtschaft ist am Boden, das Vertrauen in die Finanzwelt ist erschüttert, die Ersparnisse sind nicht mehr sicher, der Arbeitsmarkt verschlechtert sich zusehends. Die Polizei befürchtet in deutschen Städten Unruhen und bürgerkriegsähnliche Zustände. Politiker agieren immer hilfloser angesichts der zunehmenden Probleme. Immer mehr Menschen hegen Zukunfts- und Existenzängste.Trotzdem verlassen sich die meisten von uns arglos auf andere:auf den Arbeitgeber, der pünktlich Löhne und Gehälter überweist auf den Supermarktbetreiber, der für prall gefüllte Regale sorgt auf die

Stadtwerke, die uns Strom, Gas und Wasser liefern auf die Banken, die uns mit Bargeld versorgen und Überweisungen ausführen.
Doch Vorsicht: Wer sich nur auf andere verlässt, ist im Krisenfall selbst verlassen.Stellen Sie sich vor, nach einem Bankencrash kommen Sie tage-, vielleicht sogar wochenlang nicht an Ihr Geld. Oder infolge der sogenannten Energiewende kommt es in großen Ballungszentren plötzlich zu einem Blackout. Kein Kühlschrank, kein Fernseher, kein Computer, kein Logistikzentrum funktioniert mehr. Und schon nach wenigen Tagen kommt es zu Versorgungsengpässen.Nach Jahren des Wohlstands haben viele von uns verlernt, ganz gezielt für den Notfall vorzusorgen.

Was Sie tun können, damit eine Krise nicht zur Existenzbedrohung wird.Aber es ist noch nicht zu spät, die Weichen für eine Überlebensstrategie in Krisenfällen zu stellen. In seinem praxisnahen Ratgeber zeigt Ihnen Gerhard Spannbauer anhand konkreter Beispiele und Schritt-für-Schritt-Anleitungen wie Sie Ihr Einkommen sichern wie Sie Ihre Finanzen neu ausrichten und Ihre Zahlungsfähigkeit aufrechterhalten wie Sie durch persönliche Vorsorge auch lang anhaltende Krisen überstehen wie Sie sich ernähren können, wenn der Supermarkt geschlossen bleibt wie Sie sich in Krisenfällen selbst verteidigen und sich vor Diebstahl schützen.Checklisten am Ende des Buches weisen Ihnen den schnellsten Weg zur umfassenden Vorsorge.Schaffen Sie sich Ihre ganz private Arche Noah! Versorgen Sie sich selbst – machen Sie sich unabhängig – werden Sie autark! Gehört in jeden Fluchtrucksack. Das Handbuch: Krisen überleben Personen, die sich durch individuelle Maßnahmen auf jede Art von Katastrophe vorbereiten: durch Einlagerung von Lebensmittel Vorräten, die Errichtung von Schutzbauten oder Schutzvorrichtungen, das Vorhalten von Schutzkleidung, Werkzeug und dem zusammen stellen von einem guten Fluchtrucksack. Dabei ist es unwichtig, durch welches Ereignis oder wann eine Katastrophe ausgelöst wird. In diesem umfassenden Buch zur

Krisenvorsorge instruiert Walter Dold die Leser, wie sie sich rundum auf kleinere und größere Katastrophen vorbereiten können. Dabei wählt der Autor einen nüchternen Ansatz, ohne jegliche Verschwörungstheorien. Walter Dold befasst sich seit der Reaktorkatastrophe in Tschernobyl 1986 mit dem Thema Krisenvorsorge und ist in Prepper-Kreisen sehr gut vernetzt. Er kombiniert Prepping, Bushcraft und Survival in perfekter Symbiose.
Trinkwasserversorgung in Extremsituationen: Survivalwissen für Notfälle und auf Reisen
Ohne sauberes Trinkwasser kann ein Mensch innerhalb weniger Tage verdursten. Extremreisende wagen sich dennoch regelmäßig in Regionen, in denen die

Trinkwasserversorgung nicht sicher gewährleistet ist. Auch ein unerwarteter Notfall oder eine Umweltkatastrophe können Menschen von ihrer Wasserversorgung abschneiden. Und manchmal ist nicht der Mangel an Flüssigkeit, sondern die Qualität des Trinkwassers äußerst problematisch. Ob Trekkingreisender, Freizeitwanderer oder Survivalist, mit Hilfe der anschaulichen Erklärungen ist jeder in der Lage, trinkbares Wasser zu erkennen und gegebenenfalls aufzubereiten.

Inszenierter Terror und verdeckte Kriegsführung

Geostrategie, verdeckte Kriegsführung, Ressourcenkämpfe und Wirtschaftspolitik. Er unterrichtet am Historischen

Seminar der Universität Basel und forscht zum ‚Peak Oil', dem globalen Kampf ums Erdöl, und dem so genannten ‚Krieg gegen den Terrorismus'.Europa im Erdölrausch: Die Folgen einer gefährlichen Abhängigkeit
88 Millionen Fässer Erdöl werden weltweit täglich verbraucht. Das sind 44 Supertanker. Woher kommt das Öl? Wie hat es die europäische Geschichte in den letzten 150 Jahren beeinflusst? Und vor allem: Warum geht es uns jetzt aus?
Daniele Ganser, Peak-Oil-Experte und Friedensforscher, legt die erste Gesamtdarstellung zu Europas Erdöl-Abhängigkeit vor. Er schildert den Beginn der Erdölindustrie, das durch billige Energie angetriebene

Wirtschaftswachstum, die Erdölkrisen der 1970er-Jahre und die Hintergründe des andauernden, blutigen Kampfs ums Erdöl bis hin zu den jüngsten Kriegen im Irak und in Libyen. Absoluten Neuigkeitswert hat Gansers Nachweis, dass beim konventionellen Erdöl weltweit bereits 2005 das Fördermaximum erreicht wurde. Für heiße Diskussionen werden auch seine Szenarien zur energiepolitischen Zukunft sorgen: Spitzt sich der globale Kampf ums Erdöl zu? Gelingt den Europäern die Wende hin zu 100 Prozent erneuerbaren Energien? Mit diesem Buch in deinem Fluchtrucksack hast du garntiert einen Wissenvorteil! Wiederkehr der Hasardeure: Schattenstrategen, Kriegstreiber,

stille Profiteure 1914 und heute

Die Entwicklung, welche zum Ausbruch des Ersten Weltkriegs führte, wird heute zumeist an den Bündnisverpflichtungen innerhalb Europas festgemacht, hinzu kommen Fehlurteile sowie Selbstüberschätzung bei den Mächtigen, allen voran bei Kaiser Wilhelm II. Das jedoch ist zu kurz gegriffen. Die Lunte für das explosive Gemisch wurde schon Jahre zuvor an anderer Stelle gelegt. Das vorliegende Buch beschreibt den Weg in die Katastrophe, identifiziert die Kriegstreiber und erläutert deren Motive und Ziele. Dabei wird deutlich, dass es sich keineswegs um Schlafwandler, sondern um kühl kalkulierende, machtbesessene Hasardeure handelte. Sie finden sich unter

Politikern, Militärs, Unternehmern und Bankiers, die ihren Einfluss häufig aus zweiter Reihe ausüben. Völlig unterschätzt wird das Wirken verdeckter Netzwerke, deren Wurzeln in die Zeit vor dem Ersten Weltkrieg zurückreichen. Heute, ein Jahrhundert später, wird erneut ein Konflikt der Großmächte heraufbeschworen, und die Massenmedien stimmen wie seinerzeit in den Kriegskanon ein. Besondere Betrachtung finden der Aufstieg der USA zur Weltmacht und die Aushebelung des Völkerrechts seit 1999.

Notfall-Checklisten

Dies sind gewissenhaft recherchierte und von mir zusammengestellte Notfall-Checklisten / Survival Ausrüstung Checklisten / Einkaufslisten für

Lebensmittel, für alle, die sich einen vernünftigen Notvorrat anlegen wollen!
Natürlich übernehme ich keine Gewähr auf deren Vollständigkeit. Manche von mir verzeichnete Dinge sind optional und können weggelassen oder durch andere ersetzt werden. Das soll jeder für sich selbst entscheiden. Ich unterscheide in Notfall **Lebensmittel-Vorräte und allgemeine Ausrüstungsgegenstände.** Dinge wie Bargeld, Edelmetalle und Dokumente sind nicht aufgelistet. Haltet wichtige Dokumente wie z.B. Geburtsurkunde, Personalausweis, Impfpass, Heiratsurkunde, Sozialversicherungsnachweis ect. griffbereit! Verstaut alles in

wasserdichten Zip-lock Beuteln!
Billige gibts bei IKEA! (4-6 Liter Beutel blau)
Bei einer Evakuierung bleibt einem oft nicht mehr als eine halbe Stunde um zu packen!!
Daher empfiehlt es sich ein Fluchtgepäck griffbereit zu halten.
Notfallchecklisten
Lebensmittellist für Krisenvorsorge - Ernstfall - Krisenfall -
Checkliste für Ausrüstung in Krisensituationen
Dazu gehören auch diverse Ausrüstungsgegenstände um sich und seine Familie vor ungewolltem Besuch schützen zu können.
(Legale Waffen – Rauchgranaten)
ISBN - 9783837067446
ISBN - 978-3-7392-4406-8

ISBN - 3739244062
www.amazon.de/dp/9781520344720/
www.amazon.de/dp/1520383444/

Verschiedene Handbücher mit Überlebenstechniken können hier hilfreich sein. Macht euch rechtzeitig ein Ziel aus, das ihr im Ernstfall ansteuern wollt und besorgt euch entsprechendes Landkartenmaterial. Unmittelbare Fluchtrouten könnt ihr euch bei Google Earth ausmachen und ausdrucken. Vermeidet Hauptverkehrsrouten wie Autobahnen und Schnellstraßen. Seid ihr einmal im Stau, gibt es kein Entkommen mehr!! Um ein langfristiges Überleben ausserhalb von Ballungsräumen zu gewährleisten, bedarf es verschiedener

Ausrüstungsgegenstände welche der Jagd auf Wild und Fisch dienen. Alle von mir aufgelisteten Lebensmittel und Ausrüstungsgegenstände – bis auf Rucksäcke, Isomatten und Kleidung – passen (bei mir) in drei große Zargesboxen.Notfall - Lebensmittelkiste - Lebensmittelvorrat Grundsätzlich sollen nur so viele Kisten Verwendung finden, wie auch in den eigenen PKW passen! Sehr praktisch sind auch Safe-boxen für das Autodach! (z.B. von Thule) Um ein Fluchtgepäck zu vervollständigen, sollte in mehreren großen Kanistern ein Spritvorrat für mindestens eine komplette Tankfüllung angelegt werden. Sinnvoller Weise sollten Dieselfahrzeuge zum Einsatz kommen, diese fahren auch mit Heizöl oder Diesel! Beides verdirbt nicht – im Gegensatz zu Benzin, welches spezielle Additive benötigt! Dazu sollte auch ein ca. 1.5 bis 2 m langer Schlauch zum Absaugen von Sprit dabei liegen genauso wie ein kurzes Brecheisen und ein kleiner Bolzenschneider zum Knacken von Schlössern. Einen brauchbaren Einfülltrichter für euren Tankstutzen könnt ihr euch aus einer PET Flasche schneiden. [Ein Hoch auf E-Mobile! Doch was ist wenn der Strom ausfällt?? Wollt ihr euren Fluchtwagen wirklich schieben??] Gegenstände wie Landkarten und Feldstecher sollten griffbereit mit sich geführt werden. Legt euch einen ausreichenden Vorrat an Batterien für eure Taschenlampen an!

Habt ihr Kinder, sensibilisiert diese im Notfall auf ein entsprechendes vorsichtiges Verhalten! Verbietet ihnen den Mund! Verriegelt alle Fahrzeugtüren mit der Zentralverriegelung! Macht in die Türen die Kindersicherung rein! Muss euer Kind während der Fahrt Pipi,- so soll es in eine leere Flasche urinieren! Ein ungewollter Stopp in einer fremden Gegend kann unter Umständen verheerende Folgen für euch haben!Wechselt wenn möglich vor Antritt der Fahrt die Reifen auf Winterreifen! Diese finden auch in unwegsamem Gelände ausreichenden Grip! Platterte – Rahmbrote, Rahmfleckerl vom Holzkohlegrill Servus Grillfreunde, heute gibts Platterte – Rahmbrote, Rahmfleckerl vom Holzkohlegrill!

Hier zeige ich euch, wie man sich die beliebten Rahmbrote oder auch Rahmfleckerl vom Mittelaltermarkt selber macht!Den Wunsch nach diesen flachen Roggenmehlbroten mit Sauerrahm und Speckwürfeln mit Lauchzwiebeln hatte ich schon länger. Allerdigs wollte ich unbedingt diesen genialen Holzofen Rauchgeschmack hinbekommen. Mit liquid smoke zu arbeiten und den Brotteig mit den Raucharomen anzureichern ist aber nicht das Selbe wie ein Rahmbrot aus dem Holzbackofen. Also kam mir die Idee mit dem Holzkohlegrill. Bestimmt nichts Neues, aber ich habs auf eigene Faust probiert!Im schwäbischen sind sie auch als "Dinnede" oder "Dinnele" bekannt und beliebt. Nachdem sich die Bayern und die

Schwaben – zumindest in ihren Dialekten – nicht wirklich grün sind, nenn ich die bei uns in Bayern hergestellten Rahmbrote vom Holzkohlegrill einfach "Platterte". Im Sinne von – auf Hochdeutsch: "Plattgedrückte".
Hier das Rezept für Platterte – Rahmbrote vom Holzkohlegrill:
Teig:
500 g Vollkorn Roggenmehl
500 g Weizenmehl
1 TL Salz
1 TL Zucker
2 Pckng. Trockenhefe
500 ml Wasser kalt
Belag:
600 g Schmand / Sauerrahm
200 g Schinkenspeck gewürfelt
1 Pr. Salz
1 Pr. Pfeffer
1 gr. Knoblauchzehe (gepresst)

3 Stk. Lauchzwiebeln

Zubereitung:

Die Hefe mit dem Zucker und dem kalten Wasser glattrühren.

Die beiden Mehle in eine große Schüssel geben und das Salz dazugeben.Das Mehl ausgiebig mit einem großen Schneebesen durchmengen, damit sich das Salz gleichmäßig verteilt. Das Hefewasser dazugeben und mit Knethaken gut durchkneten.

Dann den Teig mit den Händen kräftig durchwalgen bis er anfängt an den Händen zu kleben. Den Teig jetzt für 3 Stunden abgedeckt an einem warmen Ort stellen.

Danach den Teig auf einem mehlierten Brett oder der Küchenarbeitsplatte nochmals leicht durchkneten und in 16 gleichgroße Portionen teilen.

Die Portionsstücke auf einem mehlierten Brett mit einem Nudelholz oder einer leeren Bierflasche zu ca. 0,3 – 0,5 cm dicken Ovalen plattdrücken. Daher "Platterte".Den Schmand mit der gepressten Knoblauchzehe vermengen und mit Salz und Pfeffer abschmecken.Die Lauchzwiebeln waschen und das Lauchgrün in ca. 0,5cm dicke Ringe schneiden.Jetzt die Platterten Portionsstücke mit dem Schmand bestreichen und mit den Schinkenwürfeln und den Lauchzwiebeln bestreuen.
Den Grill mit Buchenholzkohle vorheizen und den Pizzastein oder die Bodenfliese hineinlegen. Der Grill sollte eine Temperatur von ca. 230 – bis 250° C haben.Nun die bestrichenen Platterten für ca. 2-3

min auf den Pizzastein legen und vorbacken. Dann nach oben in die indirekte Zone legen damit der Boden nicht schwarz wird. Nochmals ca. 15 – 20 min. backen. – herausnehmen und noch warm genießen! Rahmbrote Platterte vom Holzkohlegrill Den Grill mit Buchenholzkohle vorheizen. Rahmbrote Platterte vom Holzkohlegrill Die Bodenfliese oder den Pizzastein auf den Grill legen und langsam heiß werden lassen. Die Glut ganz nach unten kurbeln dann wird die Fliese nicht zu schnell heiß und zerspringt auch nicht. Die Rahmbrote mit Roggenmehl auf den heißen Stein legen und ca. 5 min. vorbacken. Rahmbrote Platterte vom Holzkohlegrill
Dann die Platterten – Rahmbrote

nach oben in die indirekte Zone legen und ca. 15 – 20 min fertigbacken.
Fängt die Brotkruste an leicht braun zu werden, sind die Platterten fertig und können, am Besten noch warm, verzehrt werden.Voilà! Fertig sind die eigenen Rahmfleckerl

Überleben im Krieg

Ein Jahr in der Hölle (Bosnien.ein unbekannter Überlebender erzählt) Wie ihr vielleicht wisst, war es dort zwischen 1992 und 1995 die Hölle. Ein Jahr lang lebte und überlebte ich in einer Kleinstadt mit 6000 Einwohnern, in der es kein Wasser, keine Elektrizität, kein Benzin, keine medizinische Versorgung gab. Der Zivilschutz war nicht vorhanden, die zentralen

Einrichtungen und Regeln außer Kraft gesetzt.Unsere Stadt war von der feindlichen Armee abgeschnitten worden und ein ganzes Jahr lang verwandelte sich das Leben dort in einen Alptraum. Es gab auf unserer Seite keine Armee oder Polizei, wir hatten nur einige bewaffnete Gruppen, die ihr Heim und ihre Liebsten zu schützen versuchten.

Als alles anfing, waren einige von uns besser vorbereitet als andere. Aber die meisten der Nachbarsfamilien hatten nur ausreichend Nahrungsvorräte für einige Tage. Manche hatten Revolver, einige wenige hatten Kalaschnikovs oder Schrotflinten. Nach einem oder zwei Monaten fingen die ersten Banden ihr Unwesen an. Sie hinterließen eine

Spur der Zerstörung. Krankenhäuser verwandelten sich so beispielsweise eher zu Schlachthäusern. Es gab dort kein Sicherheitspersonal und mehr als 80 Prozent der Belegschaft waren nicht mehr da. Ich hatte Glück. Meine Familie war zu der Zeit recht groß (15 Personen in einem großen Haus, sechs Revolver und drei AK-47) und wir – zumindest die meisten von uns – haben überlebt.Die Amerikaner haben alle 10 Tage Notrationen (MRE=Meals Ready to Eat) aus der Luft abgeworfen um den eingeschlossenen Städten zu helfen. Doch dies war nie genug. Einige wenige in der Stadt hatten einen Garten, aus dem sie sich zusätzlich versorgen konnten. Es dauerte drei Monate bis das erste Gerücht die

Runde machte, dass Menschen in der Stadt verhungerten oder erfroren. Wir entfernten alle Türen in unserem Haus, rissen Fensterrahmen, Holzböden und Möbel aus verlassenen Häusern und verbrannten all das zusammen um unser Haus zu heizen. Viele (leider auch zwei aus meiner Familie) starben damals an Krankheiten, die sich meist durch verseuchtes Wasser verbreiteten. Wir tranken hauptsächlich Regenwasser und aßen Tauben oder sogar Ratten.
Geld wurde sehr bald wertlos. Tauschhandel war wieder angesagt. Für einen Topf Tushonka (eine Art Sülze mit Putenfleisch) konnte man eine Frau bekommen. Das hört sich sehr extrem an, ist aber wahr. Die meisten Frauen, die sich derart

verkauften, waren verzweifelte Mütter. Waffen und Munition, Kerzen, Feuerzeuge, Antibiotika, Benzin, Batterien und Essen. Wir haben um diese Sachen wie die Tiere gekämpft. In solchen Situationen ändert sich alles. Menschen werden zu Monstern. Es war abscheulich. Stärke maß sich in Zahlen. Es war nur eine Frage der Zeit, bis ein alleinlebender Mensch ausgeraubt und getötet werden würde, auch wenn er bewaffnet war. Heute sind meine Familie und ich gut vorbereitet. Ich bin gut bewaffnet. Ich habe jetzt Erfahrung. Es macht keinen Unterschied, was passieren wird: Erdbeben, Tsunami, Außerirdische, Terroristen, wirtschaftlicher Zusammenbruch oder Aufstände. Was den Unterschied macht ist, dass etwas passieren wird.Deshalb teile ich diese – meine – Erfahrung mit euch: Ihr könnt es nicht alleine schaffen. Bleibt nicht von eurer Familie getrennt, bereitet euch gemeinsam vor. Wählt verlässliche Freunde.

1. Wie man sich in einer Stadt sicher bewegtDie Stadt war in einzelne Gemeinschaften aufgeteilt, die sich anhand der Straßen und Viertel gebildet hatten. Unsere Straße (15 bis 20 Häuser) hatte Patrouillen mit fünf bewaffneten Männern, die auf Banden und unsere Feinden achten sollten. Jeglicher Handel fand auf der Straße statt. Ungefähr fünf Kilometer entfernt von uns gab es eine komplette Straße zum Handeln, alles sehr gut organisiert. Aber es war zu gefährlich, dort hinzugehen. Auf dem weg dorthin konnte man von Scharfschützen erwischt oder von Banden ausgeraubt werden. Ich habe mich da nur zweimal hingetraut, als ich bestimmte Medikamente brauchte, die nur schwer erhältlich waren. Keiner benutzte mehr Autos in der Stadt. Die Straßen waren von Trümmern, Gerümpel und verlassenen Autos verstopft. Benzin war extrem teuer. Wenn man irgendwo hingehen musste, tat man das nachts. Und nie allein oder in zu großen (auffälligen) Gruppen. Immer nur 2-3 Personen, gut bewaffnet und schnell unterwegs. Immer in den Schatten bleiben, Straßen wurden nur durch Ruinen überquert, nie auf der offenen Straße.Es gab viele Banden, die 10-15 Mann stark waren, einige umfassten gar 50 Mitglieder. Aber es gab auch viele "normale" Menschen wie Du und ich, Väter und Großväter, die raubten und töteten. Es gab keine guten und schlechten Menschen mehr. Die meisten waren irgendwo dazwischen und bereit für das Schlimmste.

2. Was war mit dem Wald? Deine Heimatstadt ist von Wäldern umsäumt, warum habt ihr Türen und Möbel verbrannt?Es gab nicht so viele Wälder direkt in Stadtnähe. Unser Stadt war ursprünglich sehr schön: Restaurants, Kinos, Schulen und auch einen Flughafen gab es. Jeder Baum in der Stadt und im Stadtpark wurde in den ersten zwei Monaten gefällt, um ihn als Brennstoff zu nutzen.Ohne Strom zum Kochen und Heizen mussten wir alles verbrennen, was brannte: Möbel, Türen, Fußböden. Das Holz brannte schnell. Wir hatten keine Vororte oder Bauernhöfe in den Außenbezirken. Dort befand sich der Feind. Die Stadt war von ihm umstellt. Selbst innerhalb der Stadt wußte man nie genau, wer der Feind war.

3. Welches Wissen war in dieser Phase hilfreich für dich?Damit ihr euch die Situation etwas besser vorstellen könnt, solltet ihr wissen, dass es praktisch wie eine Rückkehr in die Steinzeit war. Ein Beispiel: Ich hatte eine Kartusche mit Campinggas. Dies nutzte ich aber nicht zum Heizen oder Kochen, wäre viel zu teuer gewesen. Ich habe mir stattdessen eine Art kleiner Düse gebastelt und damit dann Feuerzeuge durch die

Kartusche aufgefüllt. Feuerzeuge waren kostbar. Wenn jemand ein leeres Feuerzeug brachte, füllte ich es auf und bekam dafür einen Topf mit Essen oder eine Kerze. Ich war Rettungssanitäter. Unter den damaligen Umständen war mein Wissen mein größter Schatz. Seid wissbegierig und ausgebildet. Unter diesen Bedingungen ist die Fähigkeit, Dinge zu reparieren wertvoller als Gold. Vorräte, Ausrüstung und Hilfsmittel werden zwangsläufig zur Neige gehen, aber eure Fähigkeiten werden euch immer erhalten bleiben und euch ernähren. Ich möchte sagen: Lernt, Sachen zu reparieren. Ob es Schuhe oder Menschen sind…
Mein Nachbar wusste zum Beispiel, wie man Petroleum für Lampen herstellt. Er musste nie hungern.

4. Wenn Du drei Monate hättest, um dich vorzubereiten, was würdest du tun?Drei Monate? Aus dem Land verschwinden? (nur ein Scherz)Heute weiß ich, dass alles sehr schnell zusammenbrechen kann. Ich habe meinen Vorrat an Nahrung, Hygieneartikeln und Batterien, der mich sechs Monate über die Runden bringen kann. Ich lebe in einer sehr sicheren Wohnung und besitze ein Haus mit einem Unterschlupf in einem Dorf 5 km entfernt. Auch dort habe ich einen Vorrat für sechs Monate deponiert. Das Dorf ist sehr klein und die meisten Leute dort sind gut vorbereitet. Sie haben die Lektionen aus dem Bosnienkrieg gelernt.Ich besitze vier Schusswaffen mit je 2000 Schuss Munition.Ich besitze einen Garten und habe mir das Gärtnern beigebracht. Außerdem habe ich einen guten Instinkt. Ihr wisst schon: wenn alle um mich rum mir erzählen, dass alles in Ordnung sei, aber ich dennoch weiß, dass alles zusammenbrechen wird.Ich habe die innere Stärke, zu tun, was zu tun ist, um mich und meine Familie zu schützen. Wenn alles zusammen bricht, muss man bereit sein "schlechte" Dinge zu tun um die Kinder am Leben zu halten und die Familie zu schützen.Alleine überleben ist praktisch unmöglich. Das denke ich zumindet. Selbst wenn man vorbereitet und bewaffnet ist: wenn man allein ist, wird man sterben. Das habe ich mehrere Male mitansehen müssen. Familien und Gruppen, gut vorbereitet und mit Wissen und

Fähigkeiten in unterschiedlichen Bereichen sind da viel besser.

5. Was sollte man bevorraten, um vorbereitet zu sein?Das hängt davon ab, welchen Plan man im Kopf hat. Will man sich mit Diebstahl über die Runden retten, braucht man lediglich Waffen und Munition. Viel Munition!Wenn nicht, braucht man viel Nahrung, Hygieneartikel, Batterien, Akkus und kleine Tauschartikel wie Feuerzeuge, Messer, Feuersteine oder Seife. Und Alkohol: der billigste Whiskey kann zu einem sehr guten Tauschmittel werden. Viele Leute starben aufgrund mangelnder Hygiene. Man braucht einfache Dinge in großen Mengen. Zum Beispiel Müllsäcke, viele davon. Und Toilettenpapier oder Einweggeschirr. Man wird viel davon brauchen. Ich weiß das, weil wir all das nicht hatten. Für mich ist der Vorrat an Hygieneartikeln vielleicht noch wichtiger als Nahrungsvorräte. Du kannst eine Taube schießen. Du kannst essbare Pflanzen finden. Aber Du kannst kein Desinfektionsmittel fangen oder schießen. Desinfektionsmittel, Waschmittel, Bleiche, Seifen, medizinische Einweghandschuhe und -masken. Erste Hilfe Fertigkeiten, Auswaschen von Wunden, Behandlung von Verbrennungen. Vielleicht findet man einen Arzt, aber wird nicht in der Lage sein ihn auch zu bezahlen. Man sollte wissen, wie man mit Antibiotika umgeht – es ist gut, einen Vorrat davon zu haben. Ich mag keine Kalaschnikovs, aber jeder hier hat eine – also ich auch.

Ihr braucht kleine, unscheinbare Sachen. Zum Beispiel ist es gut einen Generator zu haben, aber 1000 BIC-Feuerzeuge sind besser. Ein Generator wird Aufmerksamkeit erzeugen, wenn es Ärger gibt, aber 1000 Einwegfeuerzeuge sind kompakt, günstig und können immer gut gehandelt werden.Wir haben meistens Regenwasser in vier großen Fässern gesammelt und es dann abgekocht. Es gab zwar einen kleinen Fluss in der Nähe, aber das Wasser darin wurde sehr schnell sehr schmutzig. Es ist auch wichtig, genügend Behälter für Trinkwasser zu haben: Fässer und Eimer.

6. Waren Gold und Silber hilfreich? Ja. Ich persönlich habe das ganze Gold, was ich im Haus fand, für Munition eingetauscht.Manchmal gelangten wir an Geld, Dollar oder Deutsche Mark. Wir haben uns ein paar Sachen damit gekauft aber das kam selten vor und die Preise waren astronomisch hoch. Für eine Dose Bohnen mussten wir 30 bis 40 Dollar zahlen. Unsere Landeswährung war sehr schnell wertlos. Nur durch Tauschhandel gelangten wir an die Dinge, die uns beim Überleben halfen.

7. War Salz teuer?Ja, aber Kaffee und Zigaretten waren noch teurer. Ich hatte viel Alkohol und konnte diesen problemlos tauschen. Der Alkoholverbrauch war damals 10 Mal höher als in Friedenszeiten. Heute ist es vielleicht sinnvoller, einen Vorrat an Zigaretten, Feuerzeugen und Batterien zum Tauschen anzulegen. Weniger Platzverbrauch.Damals war ich noch kein "Survivalist". Wir hatten keine Vorbereitungszeit – nur einige Tage, bevor alles den Bach runter ging. Politiker wiederholten ständig im Fernsehen die gleichen Durchhalteparolen und das alles nach Plan laufe. Es gäbe keinen Grund zur Sorge. Als uns der Himmel auf den Kopf fiel, nahmen wir was wir konnten.

8. War es schwierig, Schusswaffen zu kaufen? Was hast Du gegen Waffen und Munition eingetauscht? Nach dem Krieg gab es Waffen in jedem Haus. Die Polizei hatte am Anfang des Krieges viele Waffen beschlagnahmt. Die meisten hatten wir aber versteckt. Jetzt habe ich eine Waffenbesitzkarte und habe ganz offiziell eine Waffe. Dem Gesetz nach nennt man das eine "temporäre Sammlung". Bei unruhen wird die Regierung alle registrierten Waffen konfiszieren. Dessen sollte man sich immer bewusst sein.Viele Leute haben eine offizielle, registrierte Waffe – aber auch noch illegale Waffen für den Fall, dass die registrierte beschlagnahmt wird. Wenn man geug Tauschgüter hat, kann man sich in einer Krisensituation damit eventuell eine Waffe beschaffen. Aber erinnern wir uns: die ersten Tage sind die schwierigsten und eventuell ist die Zeit dann zu knapp um eine Waffen zu finden, mit der man seine Familie beschützen kann. In Zeiten von Chaos und Panik ohne Waffe dazustehen ist jedenfalls keine gute Idee.In meinem Fall gab es einen Mann der eine Autobatterie für sein

Funkgerät suchte. Er hatte zwei Schrotflinten. Ich hatte eine Autobatterie und tauschte sie gegen die beiden Flinten. Manchmal habe ich Munition gegen Essen eingetauscht und einige Wochen später Essen gegen Munition. Den Tausch habe ich nie zuhause gemacht und nie in großen Mengen.Nur wenige Leute wussten, was und wieviel davon ich in meinem Haus hatte.Das Wichtigste ist, immer so viele Dinge davon im Haus zu haben, wie es der Platz und der Geldbeutel zulassen. Irgendwann werdet ihr sehen, was mehr wert ist.
Korrektur: Ich würde Waffen und Munition als das Wertvollste einschätzen. Danach eventuell Gasmasken und -filter.

9. Was ist mit der Sicherheit?

Unsere Verteidigung war sehr primitiv. Nochmal, wir waren nicht vorbereitet und mussten das nutzen, was wir hatten. Nach den Bombardierungen waren die Fenster zertrümmert und die Dächer waren in einem furchtbaren Zustand. Wir verbarrikadierten die Fenster mit Sandsäcken oder großen Steinen.Ich versperrte das Einfahrtstor im Zaun unseres Grundtücks mit Trümmern und Müll und benutzte fortan eine Leiter, um über die Mauer zu kommen. Wenn ich nach Hause kam, machte ich auf mich aufmerksam und dann reichte mir jemand aus der Familie von drinnen die Leiter. Wir hatten eine Typ in unserer Straße, der sich in seinem Haus komplett verbarrikadiert hatte. Er trieb ein

Loch in die Wand und baute sich einen Durchgang zu den Ruinen des Nachbarhauses – eine Art geheimer Eingang. Auch wenn es merkwürdig erscheint: die am besten geschützten Häuser waren die ersten, die geplündert und zerstört wurden. In meinem Viertel gab es wunderschöne Häuser mit Mauern, Wachhunden, Alarmanlagen und vergitterten Fenstern. Die Leute haben sie zuerst angegriffen. Einige Familien konnte in ihren Häusern durchhalten, andere nicht. Es hing alles davon ab, wieviele Schusswaffen in wievielen Händen für die Verteidigung im Haus waren. Ich denke, dass Verteidigung sehr wichtig ist, aber unauffällig umgesetzt sein muss. Wenn man in der Stadt lebt und Unruhen losbrechen, braucht man einen einfachen, unauffälligen Ort mit vielen Waffen und Munition. Wieviel Munition? So viel wie möglich. Macht euer Haus so unattraktiv wie möglich. Mittlerweile habe ich in meiner Wohnung eine Stahltür eingebaut. Die ist aber nur für die erste Welle des Chaos. Wenn diese abgeebbt ist, werde ich die Stadt verlassen und mich einer größeren Gruppe von Leuten anschließen – meinen Freunden und meiner Familie. Wir haben so einiges währen des Krieges durchmachen müssen. Ich will hier nicht zu sehr ins Detail gehen. Ich kann aber sagen, dass wir immer überlegen Feuerkraft und eine Ziegelmauer auf unserer Seite hatten. Wir haben auch permanent die Straßen überwacht.

Eine gute Organisation ist oberstes Gebot, wenn Angriffe von Banden an der Tagesordnung sind.Die ganze Zeit über waren in der stadt Schießereien zu hören.Unser Grundstück wurde mit einfachsten Mitteln verteidigt. Alle Ein- und Ausgänge waren verbarrikadiert und hatten kleine Seh- und Feuerschlitze. Im Haus waren zu jeder Zeit immer mindestens 5 Familienmitglieder kampfbereit und eine weitere Person überwachte die Straße – versteckt in einem kleinen Unterstand (Bunker).Tagsüber verließ keiner von uns das Haus. Das stetige Feuer der Heckenschützen war zu gefährlich.Zuerst sterben die Schwachen, dann kämpft der Rest. Tagsüber waren die Straßen mehr oder weniger menschenleer wegen der Heckenschützen. Verteidigung war immer auf den Kampf auf Kurzdistanz ausgerichtet. Viele starben, wenn sie rausgingen. Zum Beispiel um draußen Informationen zu sammeln. Es gab kein Radio und auch kein Fernsehen mehr – nur Gerüchte und nichts anderes. Es gab keine organisierte Armee mehr, jeder kämpfte für sich. Wir hatten keine Wahl. Jeder war bewaffnet und bereit, sich zu verteidigen.Man sollte keine hochwertigen Sachen tragen, wenn man in der Stadt unterwegs ist. Jemand wird dich umbringen und sie dir wegnehmen. Selbst eine "hübsche" Langwaffe würde ich nicht mehr offen tragen, erregt viel zu viel Aufmerksamkeit.Lasst mich euch eins sagen: Wenn das Chaos morgen losbricht, werde ich mich ganz klein machen. Ich werde aussehen wie jedermann: verzweifelt, ängstlich. Vielleicht werde ich sogar ein wenig weinen und schreien.Gut aussehende Kleidung ist vollkommen ausgeschlossen. Ich werde nicht in meinem brandneuen taktischen Outfit rausgehen und rufen: "Hier bin ich. Ihr Schurken seid dem Untergang geweiht!" Nein – ich werde schön drinnen bleiben: gut bewaffnet, gut vorbereitet, werde warten und meine Möglichkeiten abschätzen – zusammen mit meinem besten Freund oder meinem Bruder.Die beste Verteidigung und die besten Waffen können bedeutungslos werden – wenn Leute denken, dass bei dir was zu holen ist, werden sie es sich holen. Es ist nur eine Frage der Zeit und der Menge der Waffen.

10. Wie war das mit Toiletten damals? Wir nutzten Schaufeln und einen Graben in der Nähe des Hauses. Das kommt euch unsauber vor? Das war es! Wir haben mit Regenwasser oder im Fluss gewaschen, aber am Fluss war es meistens zu gefährlich. Wir hatten kein Toilettenpapier. Hätten wir welches gehabt, hätte ich es gegen andere Dinge eingetauscht. Es war ein schmutziges Geschäft. Ein guter Rat: erstens braucht ihr Waffen und Munition und zweitens alles andere. Buchstäblich alles andere! Es hängt nur davon ab, wieviel Platz und Geld man hat. Wenn man etwas vergisst, wird es immer jemanden zum Tauschen und Handeln geben. Ohne Waffen und

Muniton wird man allerdings nicht zum Tauschen kommen.Ich denke nicht, dass große Familien zu viele Münder zum Füttern sind. Große Familien bedeuten mehr Waffen und Stärke. Auf einer solchen Basis kann sich jeder auf eigene Faust vorbereiten.

11. Wie haben die Leute die Verletzten und Kranken behandelt?
Die meisten Verletzungen waren Schussverletzungen. Ohne einen Spezialisten und ohne das entsprechende Equipment hatte ein Verwundeter eine 30%ige Überlebenschance, wenn er irgendwo einen Arzt fand.Das war kein Film. Die Leute starben! Viele Menschen starben auch an Infektionen durch oberflächliche Verletzungen. Ich hatte immer drei bis vier Antibiotika-Rationen,

ausschließlich für unsere Familie natürlich. Dummerweise starben die Leute ziemlich häufig. Ein einfacher Durchfall bringt dich in wenigen Tagen um, wenn keine Medikamente und kaum Wasser zur Verfügung stehen. Es gab viele Hautkrankheiten und Lebensmittel Vergiftungen…das war nicht außergewöhnlich. Viele nutzten zur Behandlung reinen Alkohol und einige Pflanzen und Kräuter aus der Umgebung – kurzzeitig ausreichend aber leider nutzlos auf lange Sicht. Hygiene ist äußerst wichtig, genauso wie soviele Medikamente wie möglich zu (speziell Antiobiotika) haben.
(ein unbekannter Überlebender)
Taktisches Vorgehen im Krisenfall
Taktisches Vorgehen
bezeichnet schlicht und ergreifend

ein geplantes und vorausschauendes Vorgehen um von A nach B zu gelangen. Das ist im Krisen- oder Ernstfall von entscheidender Wichtigkeit. Natürlich gibt es verschiedene Arten von taktischem Vorgehen und die einzelnen Schritte müssen selbstverständlich der jeweiligen Situation angepasst werden.
Ich werde hier versuchen, ein taktisches Vorgehen zu beschreiben wenn man alleine oder aber auch in einer Gruppe unter verschärften Verhältnissen von einem Ort zum anderen vorrücken muß.

Die individuelle Ausrüstung
- dunkle Kleidung + feste Stiefel
- Handschuhe (grau / schwarz)
- Poncho
- Regenhut / Südwester

- Nachtsichtgerät (mind. 400M Reichweite) / 2x Ersatzbatterien
- Fernglas
- Tarnschminke bzw. Weinkorken (ankohlen)
- Marschrucksack (dunkel) / Trekkingrucksack
- Wechselwäsche in einer wasserdichten Mülltüte / Plastiktüte
- Taschenlampe / Reservebatterien
- EPA für drei Tage (je nach Marschroute + 1 Tag Reserve)
- Besteck
- Feuerstarter / Elektrofeuerzeug / Esbit / Zunder / Angelzeug (Emergencykit)
- Wasser (pro Tag mind. 1,5l)
- Wasserfilter (PET-Flasche 0,5L+ Holzkohle ca. 200g)
- kleine 2x3m Plane (Tarp), Paracord / dünnes Seil mind. 10m

schwarz / grün
- Schlafsack (falls möglich)
- Erste Hilfe Set / Vaseline
- Repellant (Autan)
- festes Messer / Multitool
- Toilettenpapier (1 Rolle)
- kleines Hygieneset
- Morsecode (laminiert)
- 2 – 3m Panzertape
- Papier + Bleistift
- Landkarte / Kompass
- Armbrust / Compoundbogen (optional) (eine Waffe verschafft Sicherheit und Selbstvertrauen)

Die Vorbereitung
Was ist zu beachten:

Besorgt euch Landkarten von der jeweiligen Umgebung bzw. der jeweiligen Marschroute. Je geringer der Maßstab, desto einfacher ist es sich unmittelbar zurechtzufinden. Sondiert die Strecke bzw.

Marschroute die ihr zurückzulegen habt. Richtet euren Kompaß nach der einzuschlagenden Richtung aus. Merkt euch markante Geländeformationen oder andere markante Punkte in der Landschaft oder auf eurem Weg. Rechnet euch ungefähr aus, wie weit ihr bei einem Streckenabschnitt kommt und macht euch bereits eventuelle geschützte Nachtlager aus. Markiert sie nicht, merkt sie euch! Besprecht diese Etappenziele mit der ganzen Gruppe! Wísst ihr bereits euer Ziel, markiert ein anderes auf der Karte in der Nähe – jedoch nicht zu nah am eigentlichen Ziel, um Fremde, welche zufällig eure Karte in die Finger bekommen zu verwirren. Versucht eine Route zu planen, welche ihr unbeschadet auch bei Nacht gehen könnt.Überprüft eure

Ausrüstung. Plant ihr eine Tour von einem Tag, so nehmt euch Verpflegung und Wasser für 2 Tage mit. (immer einen zusätzlichen Tag in Reserve falls ihr irgendwo festsitzt!)Wenn ihr irgendwo festsitzen solltet, rationiert euer Essen! Ihr wißt nicht, wann ihr wieder weiter könnt!Wählt dunkle Kleidung und vermeidet unbedingt auffällige und leuchtende Farben, sowohl in der Kleidung als auch am Rucksack! Überprüft, dass ihr nichts reflektierendes an euch habt! Glitzernde oder in der Sonne oder Taschenlampenlicht reflektierende Schnallen werden mit dunklem Gaffa- bzw. Panzertape abgeklebt. Nehmt Wechselwäsche und Vaseline mit! (Vaseline hilft bei wundgelaufenen Stellen und ist ein idealer Feuerstarter!) Packt die

Wechselwäsche in eine Mülltüte und knotet diese zu.Nehmt einen Regenponcho mit!Zieht kräftiges, wasserdichtes Schuhwerk an! Z.B. Bergstiefel oder Ähnliches. Auf keinen Fall Halbschuhe oder Turnschuhe oder gar Sandalen!! Zieht euch feste Kleidung an, mit welcher ihr unter Umständen auch durchs Unterholz kommt! Benutzt, wenn möglich ein Repellant! Das hilft gegen Mücken und Zecken!

Los gehts:

Oftmals ist es einfacher und besser alleine vorzugehen. Der Nachteil ist allerdings, dass man sich ständig selbst nach allen Seiten absichern muss.Geht man in einer Gruppe (bis 5 Mann/Frau) so sichern alle stets nach allen Seiten! Die Augen überall! Auch nach hinten! Haltet einen Abstand von 3-4 Metern zwischen euch ein!Es wird nicht gequatscht oder herumgealbert! Das ist kein Witz oder ein Ausflug der Jungpfadfinder! Ein Taktisches Vorgehen im Krisenfall ist unbedingt Ernst zu nehmen!Alle hören auf den Gruppenführer! Macht vor dem Abmarsch klar, dass das auch jeder kapiert und akzeptiert hat! Gibts hier schon Unklarheiten, bleibt die betreffende Person zurück am Ausgangspunkt! Ohne wenn und aber! Ein Querulant bringt die ganze Gruppe in Gefahr!Besprecht vor dem Abmarsch taktische Zeichen: Diese taktischen Handzeichen können überlebenswichtig sein! Wiederholt sie vorher, bis sie jeder kapiert hat und blind wiederholen kann!!- Der Gruppenführer zieht

zwei mal den abgewinkelten Arm mit geballter Faust neben seinem Kopf nach unten, und deutet anschließend mit dem Zeige und Mittelfinger in die einzuschlagende Richtung - geht es los / weiter. In diese Richtung.- Der Gruppenführer hebt den angewinkelten Arm mit geballter Faust, – alle bleiben sofort(!) stehen und gehen automatisch in die Hocke. Jeder sondiert anschließend in eine andere Richtung!
- Der Gruppenführer deutet mit gestreckten Zeige- und MIttelfinger erst auf seine Augen und dann auf die Umgebung, bedeutet dies für alle erhöhte Wachsamkeit.
- Der Gruppenführer lässt anhalten und deutet erst auf ein Gruppenmitglied und anschließend in eine bestimmte Richtung – der

aufgeforderte hat vorsichtig die geforderte Richtung zu erkunden und selbstständig wieder zurückzukehren um Meldung zu machen.- Der Gruppenführer lässt anhalten, geht in die Hocke und drückt sofort mit der flachen Hand mehrmals in Richtung Boden – sofort(!) alle in Deckung gehen und flach hinlegen! Dabei muß jedes Gruppenmitglied in eine andere Richtung schauen und die Umgebung beobachten!- Der Gruppenführer macht mit dem ausgestreckten Zeigefinger neben seinem Kopf eine senkrechte, rotierende Bewegung, – die Gruppenmitglieder sollen sich um den Gruppenführer sammeln. Nun kann leise(!) im Flüsterton das weitere Vorgehen besprochen werden.

Taktisches Vorgehen:
Grundsätzlich sind offene Straßen und Wege zu meiden. Auch das zwangsweise Überqueren von Wiesen und Feldern ist wenn möglich zu vermeiden. Es ist besser eine Stunde Umweg in Kauf zu nehmen, als auf offener Fläche überrascht zu werden. Wenn es das Gelände zulässt, versucht euch möglichst unauffällig neben den Wegen durch den Wald oder durch Sickergräben entlang von Straßen zu marschieren / schleichen. Wählt, wenn möglich, eure Streckenabschnitte so, dass ihr im Falle des Überraschtwerdens eine sofortige Deckungsmöglichkeit habt.

Überquert ihr eine Straße, geschieht dies nur und ausschließlich einzeln! Niemals in

der ganzen Gruppe! Überquert die Straße möglichst schnell, aber rennt nicht! (vermeidet es zu Stolpern!)
- Überquert ihr ein Feld, wird ein Abstand von ca. 50 Metern eingehalten! Das entspricht in etwa einem Abstand von einer gezählten Minute.- Kleine Kinder werden von einem Erwachsenen an der Hand genommen! Geht gleichmäßig und nicht zu schnell! Beruhigt die Kinder!- Sammelt euch regelmäßig und checkt die Kondition der einzelnen Teilnehmer!
- Hat jemand Blasen? – Muß jemand aufs Klo? Hat jemand Kopfweh? Ist jemand wundgelaufen?
- Hat jemand Kreislaufprobleme?
- Nutzt die Pausen um kleine (!) Schlucke Wasser zu trinken!

- Muß jemand aufs Klo, geben ihm/ihr alle (!) Deckung in alle Richtungen! Keiner schlägt sich alleine in die Büsche! (verzichtet auf die Befindlichkeiten einzelner!)

Die Notdurft:
wenn jemand seine Notdurft verrichten muss, haben alle gemeinsam die betreffende Person zu schützen, da diese in dieser prekären Situation am verwundbarsten ist und ein potentiell leichtes Ziel abgibt.
Die Väkalien sowie das verwendete Toilettenpapier werden unbedingt mit Material aus der direkten Umgebung – z.B. Blätter, Laub, Steine ect. bedeckt, sodass das Papier nicht mehr zu erkennen ist.

Das Nachtlager:
sucht euch wenn möglich einen Unterschlupf, welchen ihr mit 2-3

Wachen leicht bewachen könnt. Nutzt natürliche Deckungen. Dickichte, Senken, Höhlen, Holzstapel usw. Teilt die Wachen in zwei bis drei Stunden Schichten ein. Findet ihr keinen geeigneten Unterschlupf, macht euch aus einem Tarp / grüne Plane ein Notzelt. Das ist einfach und schützt vor Wind, Regen und Nachttau.Nur wenn ihr euch absolut sicher seid, dass ihr aus der Gefahrenzone heraus seid, könnt ihr ein kleines, möglichst nicht rauchendes(!) Lagerfeuer entfachen um euch aufzuwärmen. Nehmt nur trockenes Holz! Auf keinen Fall grünes Holz oder Blätter! Idealer Weise solltet ihr auf eine offene Feuerstelle verzichten, da der Widerschein der Flammen sehr weit zu sehen ist und der Rauch noch über mehrere Kilometer hinweg zu riechen ist. Ein erfahrener Waldläufer kann so innerhalb von Sekunden die Richtung eures Lagers ausfindig machen. Am sichersten ist es, sich seine Mahlzeit auf Esbit Würfeln zu erwärmen und die Flammen auf gar keinen Fall auszublasen, da der so entstehende Rauch ekelhaft stinkt und giftig ist. Auf einer feuerfesten Unterlage verbrannt erzeugt Esbit eine Hitze, in der ein Zelt bei minus 25°C zur Sauna werden kann!Vergrabt euren Müll und tarnt die betreffende Stelle !! – oder nehmt ihn mit!Verwischt mit Zweigen euren Rastplatz so gut wie möglich!

Das Durchqueren von Bächen oder kleinen Flüssen:vermeidet es, wenn möglich, in der gesamten

Gruppe am Ufer aufzutauchen. Versucht euren Zwischenstopp in Deckung, einige Meter entfernt einzurichten.Zunächst werden alle Kleidungsstücke die nicht nass werden sollen, z.B. Stiefel, Socken, Hose ect. ausgezogen und gemeinsam mit den mitgeführten Kleidungsstücken in dem Müllsack im Rucksack verstaut. Der Müllsack wird feste verknotet. Dazu rollt ihr die oberen 20 bis 30cm eng zusammen und verknotet diese Enden miteinander. Der Rucksack wird nun mit einem ca. 1,2m langen Seil am Handgelenk befestigt.Ist das zu durchquerende Wasser tiefer als hüfthoch, wird der Rucksack von der Schulter genommen und vor sich her durchs Wasser geschoben.Die Alternative ist ein Seilzug über das zu durchquerende Gewässer. Hierbei wird ein mit einem Seil gesicherter Schwimmer ans gegenüberliegende Ufer geschickt, wo er das Seil über das Wasser an einen Baum oder Felsen spannt. Die Rucksäcke können nun trocken über das Gewässer gebracht werden.

Das Ziel:
habt ihr das angepeilte Ziel erreicht, lasst ihr 2 Späher die nähere Umgebung checken und bleibt in sicherer Entfernung zurück in Deckung. Hat sich dort jemand unerwünschtes versteckt? Wurden eventuell Sprengfallen angebracht? Liegt das Ziel außerhalb / innerhalb der Gefahrenzone?

Bedenkt grundsätzlich, daß ein gutes gegnerisches Nachtsichtgerät jedes noch so gut durchgeführtes

Taktische Vorgehen im Nu vereiteln kann!

(Notfall-set)

Mein Emergency Kit besteht aus einer wasserdichten Klickbox mit Angelzeug und Zubehör zum Feuermachen.Das Fire starter set ist ein unverzichtbarer Begleiter auf all meinen Touren. Diverse Male hat es mir zum Feuermachen oder zum Anzünden des Hoboofens gedient. Das Zubehör zum Fischen erfordert etwas Geschick, aber es ist funktionell und ausreichend um einen leeren Magen zu füllen! Bei Nacht mit einem kleinen Knicklicht zu Fischen erhöht die Chance auf einen Biss um das Zigfache! Legt mehrere Leinen aus, das erhöht die Bisschance noch um ein Weiteres!

Mein Emergency kit mehrfach erfolgreich erprobt!

Der Inhalt:

Lange Streichhölzer zum Anzünden des Hoboofen oder CampfeuerTrockene Kiefernholz Stücke (enthalten besonders viel Harz!)2 Magnesium Feuerstarter (geht einer verloren habt ihr Ersatz!)Vaseline Wattebäusche als Anzünder (getestet: 1. Versuch mit Feuer-Starter erfolgreich!) Gold Rettungsdecke (bei Wettersturz oder Verletzungen mit Schock – Goldseite immer nach Außen! Silber reflektiert die Körperwärme – Gold hält die Kälte ab!)Zellstoff als Zunder (keine Fetzen reißen und Kiefernspäne darauf verteilen)Esbit (bringt meist auch feuchtes Holz zum Brennen! 1/2 Würfel reicht um eine Tasse Wasser zum Kochen zu bringen!) Filmdose mit Kiefernspänen (Dose kann auch als Köderdose verwendet werden)Filmdose mit Schmerztabletten (IBU-Profen) Sturmstreichhölzer (nicht immer notwendig aber sinnvoll)Kleines Messer zum Fische ausnehmen Aufbewahrungsdose für Angelzubehör Mini Knicklichter zum Fischen (je mehr desto besser!)

- 1 Fliege mit Haken
- 1 Wobbler mit Haken
- 4 Senkblei
- 2 große Haken
- 4 kleine Haken
- 1 Korken als Schwimmer mit

Schnur, Blei, Knicklicht und Haken mit Wobbler

- 1 kleine Rolle Angelschnur ca.30m
- 1 Stahl Vorfach (fehlt)

Deckel mit Signal- und

Schminkspiegel (zum Tarnen kann auch der Korken angekohlt werden)
Outdoor Tipp:
Um Streichhölzer / Zündhölzer wasserfest zu machen, taucht ihr den Zündkopf in flüssiges Kerzenwachs. Ca. 1,5cm tief und reibt anschließend das überschüssige noch warme Wachs mit einem Tuch ab. Die Reibeflächen zum Anzünden der Streichhölzer werden mit Tesa-Film überklebt und bei Bedarf vorsichtig abgezogen.
Notvorrat – Notversorgung
In jeden Haushalt gehört ein Notvorrat – Notversorgung.
Notfallchecklisten
Eine sinvolle Lösung ist die "Bug-out-Tonne" Vorräte werden luftdicht versteckt! : Um sich auf

eventuell drohende Krisensituationen vorbereiten zu können, sollte jede Familie eine bestimmte Menge an Lebensmitteln für mehrere Wochen vorrätig haben.

Naturkatastrophe / Krieg habe ich gemeinsam mit meiner Frau (!) diesen Notvorrat zusammen gestellt. Unserer Schätzung nach sollte er für mindestens 2 Monate reichen. Zu ergänzen wären noch Vitamintabletten / Eisen – Zink Tabletten und Milchpulver. Auch dies wäre natürlich optional da auch Fischkonserven enthalten sind.Absolut wichtig ist, dass ihr die (alle!) Vorräte / Konserven ect. regelmässig (jedes 1/2 Jahr) überprüft! Mehl und Öl unterliegen einer regelmäßigen Wälzung und

werden halbjährlich gegen frische Produkte ausgetauscht.Bei mir hatte sich herausgestellt, dass eine Konservendose mit Birnen keinen Unterdruck mehr hatte! Hätte ich das übersehen, hätte die Dose explodieren und einen enormen Schaden anrichten können!! Die Dose wird selbstverständlich umgehend durch eine neue ersetzt. (die Birnen waren noch einwandfrei und konnten ohne Bedenken gegessen werden!)
Die Haltbarkeit der Konservendosen richtet sich nicht nach dem MHD sondern danach, ob der Deckel noch Spannung nach unten hat oder sich bereits wölbt! Vorsicht beim Verzehr von Konserven mit gewölbtem Deckel! Diese können eventuell bereits giftige Bakterien entwickelt haben!

Besondere Vorsicht bei Fleisch – und Fischkonserven, besser wegwerfen als sich selbst zu vergiften!Wie immer gilt, – ist eine Konservendose nicht aufgebläht ist der Inhalt nicht verdorben!! Grundnahrungsmittel wie z.B. Salz, Mehl oder Trockenhefe habe ich zusätzlich noch luftdicht eingeschweißt. Dadurch, dass die Salztüten kein Loch bekommen, lassen sie die Konservendosen nicht korrodieren. Die Hefetütchen, welche man zwingend zum Backen von Broten benötigt, oder um sich einen Sauerteig anzusetzen, habe ich ebenfalls eingeschweißt. Dadurch ziehen sie keine Feuchtigkeit und halten sich noch länger!Das Mehl und der Zucker werden ebenfalls foliert. Das verhindert zusätzlich das

Anlocken von Ungeziefer.
Salz und andere Grundnahrungsmittel werden vakuumverpackt
Grundnahrungsmittel wie Salz, Mehl, Hefe und sogar Zucker werden vakuum verschweißt
Auch hier ist die Versorgung mit Trinkwasser zwingend notwendig da Zubereitungen mit Reis oder Nudeln nur mit sauberem Wasser erfolgen sollten!
Normalerweise haben wir ca. 30-40 Liter Trinkwasser in Lebensmittelechten Kanistern abgefüllt. Diese werden alle 2 Wochen frisch befüllt. Das "alte" Wasser wird zum Gemüsebeete gießen verwendet.
Tipp: Im Notfall hilft es auch abgestandenes, dreckiges, bzw. verkeimtes Wasser erst mittels

sauberer Tücher abzufiltern und anschließend abzukochen.
Seit alters her haben die Menschen aus Silbergefäßen getrunken und gegessen. Später hat man sich eine Silbermünze in den Krug oder Becher gelegt. Die nach einiger Zeit austretenden Silberionen töten sofort sämtliche Bakterien und Pilze!Um das eigene Trinkwasser zu entkeimen, gebe ich ein paar Tropfen Essig bzw. Essigessenz in das Wasser. Die Säure bescheunigt die Silber-Ionisation und somit das Entkeimen des Wassers.Wer will, kann sich auch ohne viel Aufwand aus einer PET-Flasche einen Aktivkohle Wasserfilter bauen.

Bug out Tonne

Hier habe ich für euch eine sinnvolle Möglichkeit, sich für eine Krisenzeit oder Notsituation einen kleinen Hamstervorrat anzulegen. Ihr könnt diese Tonnen irgendwo in der Pampas verbuddeln oder natürlich auch im eigenen Garten. Tonnen wie diese gibt es im Handel schon für ca. € 25,- . Diese Futtertonnen sind lebensmittelecht und mit einem stabilen Deckel und einem stählernen Spannring luftdicht verschließbar.Um die eingebrachten Lebensmittel dennoch vor Kondenswasser in der Tonne zu schützen, habe ich zusätzlich alles einzeln eingeschweißt bzw. vakuumiert. (meinen Vakuumierer habe ich für ca. € 20,- bei Lidl bekommen und bin nachwievor sehr zufrieden damit. Es ist kein Rolls-Royce, aber er funktioniert!)Die Tonne ist dazu gedacht, um an einem bestimmten oder einfach nur abgelegenen Ort sicher vergraben zu werden. Sinnvollerweise sollte sie in der Nähe (ca. 500m bis 1km Entfernung!) eines Baches oder Teichs oder sonstigem Gewässer vergraben werden. Warum die Entfernung? – Weil auch andere Leute auf die Idee kommen werden sich Wasser zu suchen und in der Nähe zu lagern! Markiert euch auf einer Karte den Ort an dem die Tonne vergraben ist oder schreibt euch die GPS Koordinaten auf. So. Nun noch was verdammt wichtiges: nehmt als Koordinaten niemals den exakten Punkt, sondern einen Punkt in der Nähe! (Umkreis bis 50m) Falls die Koordinaten in fremde Hände geraten! Merkt euch die Umgebung und prägt euch markante Geländepunkte ein!

Falsche Lageangabe auf einem Lageplan
Tatsächlicher Zielpunkt – welcher aber nicht markiert wird!Habt ihr einen großen oder kleinen Garten, könnt ihr die Tonne natürlich ruhig auch dort vergraben. Anschließend könnt ihr ja "ganz harmlos" ein Vergissmeinnicht darauf pflanzen…

PS.: anfangs dachte ich, ich würde nur Kopfschütteln bei meiner Frau ernten. Aber weit gefehlt! Sie wollte, nachdem ich ihr den Sachverhalt erklärt hatte, sogar die Befüllung mitbestimmen…

Eine kluge Frau…

Morse Code
Der duch Samuel Morse und seinem Mitarbeiter Alfred Vail erfundene Morse Code diente seit 1837 dem Übermitteln von

lesbaren Buchstabensignalen. Genau genommen war es soetwas wie der Vorläufer des Binärcodes, welcher aus Einsern und Nullen besteht. Im Morse Alphabet oder dem Morsecode werden anstelle von Einsern und Nullen Punkte und Striche verwendet. Die Punkte stellen einen kurzen Impuls, die Striche einen langen Impuls dar. Das kann ein Ton oder auch ein Lichtzeichen sein.Das bekannteste Morsesignal ist das nachwievor international gültige Notrufzeichen SOS. Als Morsesignal wird es als kurz, kurz, kurz, lang ,lang, lang, kurz, kurz, kurz oder ••• – – – ••• dargestellt.Der international gültige Morsecode Ein Muss in jedem Rucksack!!Auch heute müssen Funker und Signalgeber auf Schiffen den Morse Code auswendig können. Uns kann der Morse Code inGefahrensituationen im Gebirge oder im Feld nützlich sein. Vorausgesetzt, der Empfänger kann ihn ebenfalls verstehen.Wer einen Morse Code empfängt, sollte sich so schnell wie möglich die Blink- oder Tonsignale notieren und später anhand einer Vorlage – eines Morse Alphabets – das Notierte auswerten.

Wichtig: Der Sender sollte sich so kurz und prägnant wie möglich halten!

Situation: Ein Gebiet ist aus irgendeinem Grund noch nicht passierbar aber ein Kamerad hat es bereits dahinter geschafft. (Sicherungs Trupp). Der Kamerad will die Nachzügler warnen:
Notgepäck / Notfall Rucksack / Fluchtgepäck /

Packanleitung

Sollte der Ernstfall bedingt durch Seuchen oder Krieg eintreten und ihr müsst rasch euer Domizil verlassen, zieht unbedingt festes Schuhwerk wie z.B. Bergstiefel an! (Sehr gute und günstige Bergstiefel gibt es bei Shoe4you in Brunnthal – Filialbestellung möglich! – Ich trage meine seit zwei Jahren beinahe täglich in der Arbeit) Sollte euch euer Weg abseits der Straßen führen, seid ihr mit Salon Schleichern aufgeschmissen!

Packt in eure Rucksäcke, was ihr zum unmittelbaren Überleben braucht und legt diese griffbereit an einem sicheren und schnell erreichbaren Ort ab! Solltet ihr zu Fuß weiter müssen, ist es zwar schade um eure Sachen die zurück bleiben müssen, aber ihr findet garantiert unterwegs andere gute und nützliche Dinge.Kauft euch einmalig einen guten Rucksack! Beachtet beim Kauf die Belastbarkeit in Kg sowie die Füllmenge in Litern. Mein Rucksack hat z.B. 60l regulär +10l zusätzlich wenn er komplett befüllt wird.Ein Billigmodell aus China welches angeblich erst (schon) bei 15kg den Geist aufgibt wird höchst wahrscheinlich schon vorher schlapp machen!

Vorweg:

Jedes Gramm zählt. Bevor ihr euch einen 20kg Rucksack auf die Schultern hebt, probiert aus, ob ihr ihn überhaupt tragen könnt! Im Ernstfall müsst ihr eventuell über sehr lange Strecken mit dem Rucksack unterwegs sein. Nicht immer könnt ihr ungehindert über

Straßen und Wege marschieren. Manchmal muss man schnell reagieren und Querfeldein oder Strecken bergauf gehen. Da ist ein zu schwerer Rucksack nur hinderlich!

Wie der Rucksack gepackt wird
Unten in den Rucksack kommen schwere Sachen wie z.B. Wasser – mindestens 2-3 Liter pro Erwachsener in PET Flaschen und Konserven, - packt zwei große Konservendosen z.B. Ravioli, Eintopf o.Ä. pro Rucksack und den Rest als Trockennahrung ein! In einer der leeren Konservendosen könnt ihr die Trockennahrung z.B. Tortellini, Nudeln, Reis, Erbsen ect. kochen, aus einer zweiten Dose baut ihr einen Hobo-Ofen! Alternativ könnt ihr euch auch vorher einen Taschenkocher

basteln - ein Büchsenöffner (schweizer Messer oder Multitool), BW-Besteck. Ich habe zusätzlich in jedem Rucksack-Bodenfach noch eine 2×3 m Gewebeplane mit dünnen schwarzen Reepschnüren [paracord] verstaut. Diese sind nützlich bei einem improvisierten Nachtlager – zumal wenn es regnet oder windig ist. In einer kleinen wasserdichten Klickbox habe ich für den äußersten Notfall noch IBU-Profen gegen Entzündungen, Diclofenac-Tabletten bei Schmerzen und Imodium bei Durchfall verstaut, in einer anderen wasserdichten Klickbox Angelzeug (Blei, Schnur, div. Haken, Korken als Schwimmer, mini Neon knicklichter zum Nachtfischen usw. siehe Emergency kit), einen Beutel mit einigen Kiefernsplittern, trockener Zunder, ein Cliptütchen mit Vaseline-Wattebäuschen, Esbit (falls alles Holz nass ist!), ein elektro Feuerzeug (geht auch nass und mit kalten Fingern!), 2 Magnesium Feuerstarter (wenn das Feuerzeug den Geist aufgibt) und ein kleines Klappmesser. Im Deckel ist ein Stück Spiegelfolie eingeklebt. (zum Blinksignale geben und als Spiegel zur Gesichtstarnung) Zum Wasser Entkeimen habe ich Micropur-Tabletten.Habt ihr unterwegs keinen Esbit Kocher, könnt ihr euch aus einer leeren Konservendose einen perfekten Hobo-Ofen bauen! Wer will, kann sich aus einer Pastillendose einen Taschenkocher basteln. Dazu noch eine extrem scharfe Klappsäge und 1 Paar Arbeitshandschuhe sowie ein langes Stück Panzertape. (Ist nötig zum Zukleben von Hosenbeinen um vor Blutegeln oder Insekten wie Ameisen zu schützen!) Außerdem noch ein kleines erste Hilfe Set und einen Klappspaten. (Um Gewicht zu sparen kann der Spaten auch weggelassen werden!) Ein dünnes stabiles Seil ca. 20 m lang sowie 5 Karabiner.

Noch ein wichtiger Tipp: Packt euch eine kleine Dose mit Vaseline ein! Solltet ihr euch wund gelaufen haben, lindert sie Schmerzen und hilft heilen. Außerdem ist sie eine perfekte Anzündhilfe und dichtet Nähte an Stiefeln ab! Im Winter hält sie, dick auf die Haut aufgetragen die Kälte ab und schützt vor Gefrierbrand auf der Haut!Ich wurde gefragt, warum ich kein Zelt mitnehme. Nun, eine Flucht ist kein Campingausflug! Ein Zelt mit 10-15kg ist ein absolut überflüssiges Zusatzgewicht! Für ein Biwak ist eine Plane absolut ausreichend!Dies ist mein Notfall Rucksack ein Deuter 60+10Liter- Gesamt Gewicht ohne Konserven und Kleider – 15kg – Spaten, Grillrost und Campingbeil können weggelassen und durch Nahrung ersetzt werden. Eine Wasserrinne um das Biwak kann auch mit einem dicken Ast gezogen werden.

Zum Packen:
im Rucksack nehmt ihr eine große, reißfeste Mülltüte. In diese Mülltüte kommen unten Sachen, die nicht naß werden sollten. Z.B. Dokumente, Bargeld ect. Merkt euch, wer welche Hygieneartikel und Medikamente einpackt! Dannt

packt ihr oben auf trockene Wechselkleidung! In die Wechselkleidung packt ihr ein kleines Hygieneset. Mit am Wichtigsten sind trockene Socken um Fußbrand vorzubeugen! (Deshalb sind gute wasserdichte Stiefel unverzichtbar!!) Zuletzt kommt oben auf die Wäsche Klopapier, welches in einer eigenen wasserdichten Tüte verstaut ist. Regenkleidung / Poncho kommt obenauf damit es griffbereit liegt! Die schweren Sachen kommen immer unten in den Rucksack! Packt ihr verkehrt, liegt der Schwerpunkt des Rucksacks zu hoch und ihr droht leichter zu stürzen. In das Deckelfach des Rucksacks packt ihr Kompaß und Landkarten, ein Kurbelradio, 1 Stk. 3W/5W LED Taschenlampen (pro

Person!) evtl. hochwertige Stirnlampen und ausreichend passende Ersatzbatterien – Achtung auf MHD! (zusätzlich 1 Kurbeltaschenlampe – bei Weitem nicht so hell aber sehr nützlich ohne Batterien!) und einen Feldstecher bzw. Fernglas. (die Landkarten und die elektrischen Gegenstände kommen natürlich auch in wasserdichte Ziplock Beutel) Außen am Rucksack befestigt ihr unten (wenn möglich) den Schlafsack. Um diesen vor Feuchtigkeit zu schützen, könnt ihr ihn in eine Mülltüte packen und dann in seine Hülle stecken. In die Seitenfächer kommen ein Ersatzmesser und eine Handaxt (kann auch durch Proviant ersetzt werden – Anzündholz lässt sich auch mit dem Messer spalten!).

Die Isomatte befestigt ihr sinnvoller Weise hochkant hinten, außen am Rucksack. Nicht oben oder unten quer. Sonst bleibt ihr ständig zwischen Bäumen und Sträuchern hängen!

Wichtig:

Solltet ihr – aus welchen Gründen auch immer – getrennt werden, muss sich jede Person mindestens 73 Std. alleine versorgen können! Verteilt also das Gepäck so, dass jeder genug Nahrung und Kleidung hat! Besprecht eingehend euer Tagesziel und das langfristige Ziel. Setzt euch nur Etappen, die jeder auch alleine erreichen kann! Verteilt identische Landkarten oder zuvor erstellte und laminierte google-earth Ausdrucke.

Am Besten ihr packt die Rucksäcke identisch! Dann gibt`s auch keinen

Streit!

Tipp:

Markiert auf euer Karte niemals das echte / tatsächliche Ziel! – Sondern ein "angebliches" Ziel in der Nähe! Sollten euere Karten in fremde Hände fallen, ist euer wahres Ziel nicht von vorneherein verraten! Nachtleuchtender Kompass und 3W LED Lampen fluoreszierend - Notfallausrüstung Überleben in Krisensituationen -Mein Kompass und die beiden 3W LED-Lampen sind nachtleuchtend, sollten sie versehentlich in hohes Gras fallen können sie so rasch wieder gefunden werden.

TIPP für Frauen:

Da in Krisenzeiten oftmals andere oder keine Regeln mehr gelten, empfiehlt es sich für Frauen einen Taser oder ein Reizgasspray

griffbereit dabei zu haben!
Ps.: sucht euch Gegenden mit Bächen oder Flüssen aus. Dort findet ihr Wild und Fische. Und – Wasser!
Aber Vorsicht! Auch andere, eventuell weniger gesellige Menschen kommen auf die gleiche Idee…

Wie soll ich meinen Flucht-Rucksack packen?
Zunächst ist es wichtig, sich zwei grosse, möglichst stabile ca. 60l fassenden Abfallsäcke zu besorgen. Eventuell noch einen in Reserve. Den einen für die vor Feuchtigkeit und Wasser zu schützenden Kleider, den anderen für den Schlafsack!Und so wird richtig gepackt:

Fluchtrucksack richtig packen
Die Kleider: 2 Tshirts; 3 Paar

Socken; 2 Shorts; 1 Kapuzenpullover; 1 lange Cargohose; 1 Cargoshort; Ziplockbeutel mit Notfallhygieneset (Deo fehlt)
Die Kleider werden zu einem kompakten Haufen gestapelt. Das Hygieneset kommt in die Mitte, damit es geschützt ist und nichts auslaufen kann!Krempelt den Abfallsack nach unten und stellt das Kleiderpaket mittig hinein. Krempelt nun den Müllsack wieder nach oben und presst so gut es nur geht die Luft heraus!Habt ihr die Luft herausgepresst, wickelt ihr den verbliebenen Rand so fest und so sauber es geht zusammen.Dann knotet ihr die Enden zusammen. Nun ist euer Kleiderpaket fertig und vor Regen, Spritzwasser und allgemein vor Feuchtigkeit

geschützt! Packt dieses nun oben auf die schweren Sachen im Rucksack, damit dieser seinen Schwerpunkt unten behält!

Ein kleines Hygieneset für den Rucksack sollte auf gar keinen Fall fehlen!

Notfallhygiene Set – Deoroller ohne Alkohol, Shampoo, Seife (auch zum Reinigen von Unterwäsche!), Nagelklipser mit Dorn, Reisezahnbürste, Zahnpasta, 1 Liter Ziplock Tüte – gehört in jeden(!) Rucksack.Ein solches Notfallhygiene Set gehört in jeden Rucksack!Verwendet unbedingt einen Nagelklipser mit Dorn! Mit diesem könnt ihr eingewachsene Nägel verhindern!

Notfallration – Notration

Um kurzfristig überleben zu können ist eine Notfallration-

Notration unerlässlich. Je nachdem was man plant sollte man mit einer Notfallration-Notration für drei Tage beginnen. Ich empfehle nach Möglichkeit alles in wasserdichte Klickboxen zu verstauen. Das schützt vor Feuchtigkeit und hält den Inhalt sehr lange frisch.
Berechnung der Zusammenstellung für 3 Tage als Marschgepäck:
Berechnung des Energiebedarfs
Angaben über die Höhe der Energiezufuhr oder des Energiebedarfs erfolgen in Kalorien (kcal) oder Joule (J). Die Umrechnung kann mit Hilfe der folgenden Formeln erfolgen.
bezogen auf Kilojoule (= 1000 Joule)
1 kcal = 4,184 kJ (mit Faktor 4 multiplizieren)
1 kJ = 0,239 kcal (mit Faktor 0,24

multiplizieren oder durch Divisor 4 dividieren)

bezogen auf Megajoule (= 1000 Kilojoule oder 106 Joule)

1000 kcal = 4,184 MJ (Megajoule)

1 MJ = 239 kcal

Richtwerte und Empfehlungen für die Energiezufuhr

Folgender Auszug gibt Euch einen Überblick über die durchschnittliche Höhe der Energiezufuhr pro Tag. (bei körperlicher Anstrengung ist der Bedarf natürlich weitaus höher!)

Alter	männlich	weiblich
15 bis unter 19 Jahre	3100 kcal	2500 kcal
19 bis unter 25 Jahre	3000 kcal	2400 kcal
25 bis unter 51 Jahre	2900 kcal	2300 kcal
51 bis unter 65 Jahre	2500 kcal	

2000 kcal
über 65 Jahre   2300 kcal
1800 kcal

Zusammenstellung:
(ohne Gewähr)

30g Salz (=6TL ~ 10g=2TL pro Tag – bei hoher körperlicher Anstrengung bis zu 15g!)
6 Teebeutel Schwarztee
6 Beutel Instantkaffee á 5g (=1TL)
20g Zucker (100g=405 kcal)
3 Beutel Nüsse oder Erdnüsse (100g=599 kcal)
2 Beutel Rosinen á 250g (100g=314 kcal)
2 Dosen Schmalzfleisch (alternativ Rindfleisch / Cornedbeef / Frühstücksfleisch) (100g=225 kcal)
3 Energieriegel (100g=920 kcal – 1Riegel á 50g=460 kcal (Seitenbacher Energiebombe – lange haltbar))

1 Tafel Schokolade (100g=550 kcal)
Cracker (100g=482 kcal)
Topf / Tasse und Hoboofen
Anzünder (Vaseline-Watte)
Zündhölzer / Elektrofeuerzeug
Brennholzspäne (evtl. ESBIT)
Trinkwasser 2×1,5l PET (2-3l = Tagesbedarf bei starker körperlicher Anstrengung)
Gesamtgewicht ca. 2100g (Ohne Wasser)Natürlich kann man sich auch komplett mit Energieriegeln eindecken.Für morgens, mittags, abends und für zwischendurch… Dies ist meine nach kcal. zusammengestellte Notration für 3 Tage. Der Tagesgesamtwert ist knapp unter dem Normalverbrauch. (wer will kann auch mehr dazupacken. Doch jedes Gramm zählt…)Hier ist meine Notration für 3 Tage in einer

wasserdichten Klickbox im Rucksack verstaut. Obenauf ist noch Platz für weitere Nahrungen und Kosmetika.Mit am Wichtigsten ist die Versorgung mit Frischwasser!Plant eure Routen so, dass die Versorgung mit Trinkwasser gewährleistet ist! (Bäche, Flüsse, Seen, Tümpel, Brunnen, Regentonnen ect.)Wie man sich aus einer leeren PET-Flasche einen Aktivkohle-Wasserfilter baut

Wasserfilter

Um überleben zu können braucht man einen Wasserfilter – am Besten einen mit Aktivkohle. Denn die Versorgung mit sauberem Trinkwasser ist das erste Gebot im Survival!
Hier zeige ich euch, wie ihr euch aus einer PET Flasche einen

Aktivkohle Wasserfilter macht. Das Prinzip ist relativ einfach. Alles was ihr dazu benötigt ist eine leere PET Flasche mit Deckel, ein Messer, Sand, Kohle und Zeugs als Filter.Als Zeugs könnt ihr Moos, Tannennadeln, getrocknetes Gras oder trockenes Wurzelgeflecht verwenden. Das Trinkwasser wird den Geschmack von dem Zeugs annehmen welches ihr als Filter verwendet! Wichtig ist nur, dass in eurem Wasserfilter die Kohle nicht hochgeschwemmt wird. Dazu füllt ihr oben auf noch eine Schicht Sand.Wenn ihr euch noch rechts und links je ein Loch in den oberen Rand der umgedrehten Flasche bohrt, könnt ihr ein Stück Schnur oder paracord ziehen und sie bequem an einen Ast hängen und abwarten bis das Wasser zu tropfen beginnt!Seid ihr clever genug, bindet ihr den Auffangbecher ebenfalls mit einem Stück paracord an dem Flaschenfilter fest. Dann braucht ihr nur noch abzuwarten… Bitte nicht wundern, wenn Anfangs nur sehr wenig Wasser in eurem Auffangbecher bleibt. Im ersten "Aufguss" bleibt das meiste Wasser im Sand und im Geflecht zurück. Giesst einfach langsam und vorsichtig immer mehr Wasser nach. Dann klappts perfekt! Kleiner Wasserfilter für urbane Gegenden: verwendet eine 0,5. PET-Flasche. Diese ist klein und handlich und überall zu bekommen. Besorgt euch im Supermarkt oder im nächstbesten Baumarkt Holzkohle. [mein Tipp: reine Buchenholzkohle! - hat den grössten antibakteriellen Effekt! -

auch bei Durchfall anzuwenden! = ca. 1 TL verdünnt schlucken stoppt den Durchfall sofort!!] In einem Schuhladen bekommt ihr auf freundliches Nachfragen garantiert eine Handvoll "Testsöckchen". Habt ihr, wie unten beschrieben, den Boden der Flasche entfernt, befüllt ihr ein Testsöckchen mit klein gehackter / gequetschter Buchenholzkohle und drückt diese in die aufgeschnittene PET-Flasche. Dann könnt ihr bereits das verunreinigte Wasser langsam darübergießen. Wichtig ist, dass die "Kohlesocke" den Innenraum der PET Flasche genau ausfüllt! Dann kann auch kein verkeimtes Wasser daneben durchsickern!Wer auf Nummer Sicher gehen möchte, kann das bereits gefilterte [saubere] Wasser zusätzlich noch abkochen.

Wechselt die Kohle in Etwa nach 3maligem Filtern.Und so wirds gemacht:

Survival Tipps - Notfall

Als erstes schneidet ihr bei einer leeren PET Flasche – in etwa in Höhe der roten Linie – den Boden ab. Dieser dient euch später als Becher.Dann bohrt ihr vorsichtig mit der Spitze eures Messers ein kleines Loch in den Deckel.Dann füllt ihr in die umgedrehte Flasche (falls vorhanden) Sand ein. Etwa 5cm hoch.Als nächstes macht ihr euch ein Lagerfeuer. Das könnt ihr natürlich auch schon zu Beginn anzünden – dann ist die Kohle schneller fertig. (Wir haben allerdings noch entspannt gegrillt…)Jetzt sucht ihr euch geeignetes Filtermaterial. [Zeug] Ich habe aus den neben dem Fluß stehenden Bäumen getrocknetes Wurzel- und Grasgeflecht gesammelt und verwendet. Das gleiche Material habe ich auch als Zunder für das Lagerfeuer genommen!In der Zwischenzeit ist mein kleines Lagerfeuer herunter gebrannt und einiges an Kohlestückchen zurück gelassen. Die abgekühlten Kohlestückchen werden nun von der Asche gesäubert (abgepustet), zerkleinert (mit den Steinen daneben) und in die Filter Flasche gefüllt. Das ist sehr mühselig, aber es lont sich! Mit meinem Messer habe ich mir das Wurzelgeflecht passend zurecht geschnitten und auf die Kohle gedrückt, damit sie beim Befüllen nicht hochschwimmt.Damit das Wurzelgeflecht nicht hochgeschwemmt wird und

Schwebeteilchen und Insektenlarven durch den Filter gespült werden, kommt noch eine 3 – 4 cm dicke Sandschicht obenauf. Der abgeschnittene Boden dient mir als Becher. Mit ihm fülle ich ! vorsichtig! etwas stark verunreinigtes Wasser in meinen Aktivkohle Filter.
Den Filter fülle ich bis knapp unter den Rand mit dem dreckigen Wasser.Nach ca. 20 Minuten wird der erste Wassertropfen sichtbar. Hier ist schon der erste Schluck gefiltertes Wasser aus meinem selbst gebauten Wasserfilter zusammen gekommen. Kristallklar. Das Wasser hat den Geschmack des Wurzelgeflechts angenommen. Das ließe sich natürlich mit wilder Pfefferminze oder Tannen/Kiefernnadeln noch

verbessern! Doch in der Not zählt jeder Tropfen! Prost!

Tipp:

In urbanen Gegenden muss auf die vorhandenen Möglichkeiten zurückgegriffen werden. Anstelle der Kohle eines Lagerfeuers könnt ihr auch normale Grillkohle verwenden. Habt ihr kein Wuzelgeflecht oder Ähnliches zur Verfügung, könnt ihr in einen abgeschnittenen Damenstrumpf / Strumpfhose / Socke saubere Stoffreste von Hemden zuknoten oder Tshirts o.Ä. reinstopfen (nehmt lieber saubere Socken. Keine getragenen…o0) und diese oben auf die Kohle drücken. Es geht lediglich darum, dass die Kohle beim Befüllen mit der zu reinigenden Flüssigkeit nicht nach oben geschwemmt wird.

That`s it. Ich werde demnächst mal an einer "Reihenfilteranlage" für den Hausgebrauch arbeiten.
Bericht wird folgen.

Notverpflegung MRE selbst erstellt

Notverpflegung

In diesem Beitrag zeige ich euch, wie einfach ich meine Notverpflegung MRE selbst erstellt habe. Ich habe zwei verschiedene Typen zusammengestellt. Diese sind für "kleinere" Ausflüge und Unternehmungen gedacht. Bei 24 Std. Einsätzen sollten Typ 1 und Typ 2 kombiniert werden!
Um Platz zu sparen, habe ich mein selbst gemachtes MRE anschließend vakuumiert – bzw. mit einem Foodsaver / Vakuumierer eingeschweißt.
EPA, die sogenannten

Einmannpackungen der Bundeswehr gibt es in verschiedenen Ausführungen. Im amerikanischen heißen sie MRE – meal-ready-to-eat.Bei meiner Zusammenstellung habe ich darauf geachtet, dass ich einen möglichst hohen Kilokalorienwert (kcal) bei möglichst kleinem Volumen und Gewicht habe.Ein absoluter Energielieferant sind Marzipan Rohmasse und getrocknete Weintrauben bzw. Rosinen! (Backabteilung LIDL, Aldi, ect.) Anstelle von Krüger Kaltgetränk Typ Tropic (EPA BW) habe ich einen süßstofffreien (!) Zitronen Eistee mit Zucker besorgt. (Tengelmann)Sehr prakisch sind die kleinen Tütchen mit Knorr Erbswurst. (HIT) Die original Tellerportionen habe ich lediglich zerdrückt und abgepackt. Das Suppenpulver in eine Tasse geben und heißes Wasser darüber gießen. 3-4 Minuten ziehen lassen und essen. Die Erbswurst Suppen gibt es in gelb – mit Speckstückchen und grün – ohne Speckstückchen. Wirklich wunderbar, wenn man halb durchgefroren irgendwo in der Pampa hockt! Die Hauptgerichte z.B. "Jägertopf" (Penny) bekommt man in unzähligen Varianten in fast jedem Supermarkt. Ebenso die Desserts. (Netto)

Tipp: Achtet vor dem Kauf auf die kcal – Angaben auf der Rückseite! Je höher diese ist, umso energiereicher ist der Inhalt!
Die Zutatenliste meiner selbst gemachten EPAs:

Typ1
Einmann Notverpflegung

1 Fertiggericht 300g	324 kcal
1 Dessert 100 g	72 kcal
1 Pkg Rosinen 250g	817 kcal
Schokolade 40g	212 kcal
Kaltg.pulver 20g	78 kcal

1506 kcal

Typ 2

Einmann Notverpflegung

1 Fertiggericht 300g	324 kcal
1 Suppenpulver	78 kcal
1 Dessert 100g	72 kcal
1 Müsliriegel	90 kcal
1 Kaltg.pulver 20g	78 kcal
1 Kaffeepulver	2 kcal
2 Zucker	32 kcal
1 Schokolade 40g	212 kcal

888 kcal

Trockenbrennstoff
1 Zündhölzer
Zubereitungshinweis:

Trockenbrennstoff auf eine feuerfeste Unterlage oder in entsprechenden Kocher / Brenner legen und mit Steinen umgeben. Evtl. Trockenbrennstoff teilen und einzeln verfeuern.Flamme nicht ausblasen! Rauch nicht einatmen!
- Wasser in feuerfestem Topf oder Tasse zum Kochen bringen.
- Suppenpulver in einer Tasse oder Teller mit kochendem Wasser aufgießen und ca. 3 Minuten ziehen lassen. Gelegentlich umrühren. Eine Portion = ca. 250ml Wasser.
- Mit restlichem heißen Wasser Kaffee oder Tee aufgießen.
- Mit restlicher Trockenbrennstoffflamme das Fertiggericht erhitzen und ständig umrühren. Eventuell noch etwas Wasser hinzugeben. Umweltverschmutzung vermeiden!

Abfälle mitnehmen und entsprechend entsorgen!
Knorr Erbswurst zerdrückt und abgepackt

Hochwertiges EPA

Einmannpackung, Notverpflegung = 1505 kcal (Vorder- und Rückseite) Einmannpackung, Notverpflegung = 888 kcal (Vorder- und Rückseite)
Im Gegensatz zu den sündhaft teuren EPAs der Bundeswehr komme ich hier pro EPA / MRE wesentlich günstiger davon. Ein weiterer Vorteil zu den lose verpackten EPAs / MRE der Bundeswehr ist, dass die kompakte vakuum verschweißte Form meiner selbst zusammengestellten Notverpflegung in jeden Rucksack passt und auch unter härtesten Bedingungen auslaufgeschützt ist!

Ein separat verschweißter Esbit-Würfel sowie Zündhölzer garantieren ein Erwärmen der Speisen auch ohne zusätzlichen Esbitkocher mit Esbit-Würfeln. Einziger Wermutstropfen ist die geringere Haltbarkeit der verwendeten Lebensmittel. Diese sind bei kühler Lagerung im Schnitt 2-3 Jahre haltbar (lt. Mhd) – meistens jedoch noch Jahre länger. Möchte man sich sein MRE – EPA selbst zusammenstellen sollte man ein paar Kleinigkeiten beachten. Zunächst sollte man auf die kcal, die Kilokalorienangabe achten, je höher diese angegeben ist, desto höher ist der Brennwert des Inhalts. Das heißt im Klartext, dass ein hoher kcal Wert auch viel Energie garantiert. Aber Achtung, die meisten kcal Angaben beziehen sich nur auf einen Teil des Inhalts. So kann eine Packung Cevapcici mit Gemüse und Reis eine kcal Angabe von lediglich 161 kcal auf 100g haben. Also schnell hochrechnen auf den gesamten Inhalt, dann kommt man auf die kcal Werte des gesamten Inhalts. Also 483 kcal. Somit ergibt eine einzige Packung bereits ein viertel des Tagesbedarfs eines Erwachsenen, gerechnet mit 2000 kcal, sind zwei Packungen schonmal die Hälfte!

Ein Beispiel:
MRE - EPA selbst gemacht, Fertiggericht Cevapcici mit Reis, TruckenmüllerUm ein einigermaßen ausgeglichenes und schmackhaftes Essen zusammen zu stellen und um vor allem auf den Tagesbedarf an Kilokalorien (kcal)

zu kommen, sollten natürlich noch ein paar weitere Zutaten dazu kommen. Ich habe mich für ein Fruchtdessert als Nachtisch entschieden. Zusätzlich noch für eine kleine Tafel Zartbitterschokolade, da diese sich am längsten hält und eine Packung Rosinen als den ultimativen Energielieferanten!Um etwas Abwechslung ins Getränk zu bringen gibts noch ein Päckchen Zitronen Instanttee – natürlich mit Zucker und niemals mit dem Süßstoff Aspartam! (dieser zerlegt sich ab 30°C bereits in Formaldehyd, Methylalkohol und Ameisensäure…! – 36°C ist unsere normale Körpertemperatur…) Eine andere Zusammenstellung eines selbst gemachten EPA – MRE beinhaltet zusätzlich noch

einen Müsliriegel, Kaffeepulver und Zucker.Um sein EPA – MRE auch bei schlechtem Wetter gut erhitzen zu können, sind 1 Würfel Esbit Trockenbrennstoff und ein Päckchen Zündhölzer enthalten. Zusätzlich noch 1,5m Toilettenpapier.Wie ihr seht, habe ich alles zu einer kompakten Einheit zusammen vakuumiert. Das schützt die einzelnen Komponenten vor Feuchtigkeit und ist als Päckchen einfach und schnell in jedem Rucksack und jeder Tasche zu verstauen.
Wenn ihr eure selbst zusammen gestellten EPA – MRE dunkel und kühl lagert, halten sie mehrere Jahre! Selbst noch über das MHd hinaus! Wie immer gilt, – ist eine Konserve nicht aufgebläht, ist der Inhalt bedenkenlos genießbar!

Diese Notrationen oder auch Feldrationen sind speziell für Prepper und Survivalisten von mir zusammengestllt worden. Für Suppe, Tee und Kaffee werden zusätzliche Wasserreserven und Behältnisse benötigt.Alle Fertiggerichte und Suppen enthalten ausreichende Mengen an Salz! Es wird also kein Salzzusatz benötigt!

Sicheres Verschanzen in Wohnungen
Sicheres Einbunkern / außerhalb
und in Ballungsräumen

Wer es vorzieht sich in der Stadt in seiner Wohnung zu verschanzen, muß einige wesentliche Punkte berücksichtigen:wie lange hält mein Wasservorrat? was mache ich wenn der Strom ausfällt?wie lange reichen meine Nahrungsmittel? welche Fluchtmöglichkeiten habe ich bei einer Belagerung? welche Hygienemaßnahmen kann ich ergreifen?

Fluchtgepäck

1. Solltet ihr in einem Hochhaus oder in einer größeren Wohnanlage wohnen und einer Flucht das Einbunkern bzw. Verschanzen / Wohnung verbarikadieren vorziehen, müsst ihr für euch und eure Angehörigen unbedingte Vorsichtsmaßnahmen treffen. Ein wesentlicher Punkt für sicheres Verschanzen in der eigenen Wohnunge ist das Bunkern von Wasser! Im Krisenfall lasst alle verfügbaren Behältnisse mit Wasser vollaufen! Badewanne / Dusche, Eimer, Gießkannen, Kochtöpfe, Toiletten-Spülkästen ect. Ratsam ist

es auch hier, sich rechtzeitig mit 3-4 (oder mehr) 20l Wasserkanistern zu versorgen. (Faltkanister sparen Platz!) Ein überschaubarer Bargeldvorrat in kleinen Scheinen im Haus / Wohnung versteckt kann oft Wunder bewirken wenn ihr später doch noch raus müsst um Sachen zu besorgen…
Siehe Notfallchecklisten [Link]
TIPP: Konservendosen wie Eintopf oder Suppen enthalten von Haus aus Lebensmittel mit Wasser. Ihr müsst dafür kein kostbares Wasser aus dem Vorrat nehmen! Tütensuppen brauchen weniger Platz, benötigen zur Zubereitung jedoch Trinkwasser!
Um Wasser zu entkeimen helfen reine Silbermünzen oder reiner Silberdraht welche in das betreffende Behältnis gegeben

werden. Die Silberionen entkeimen das Wasser! (kollodiales Silber!) Falls ihr sowas zur Hand habt, könnt ihr das Wasser auch mit UV-Strahlen aus aus einer UV-Lampe entkeimen!Erschließt euch rechtzeitig umliegende Wasserquellen. Das können Bäche, Teiche, Flüsse oder Seen sein. Oftmals reicht schon ein gewöhnliches Gartenschwimmbad um sich Wasser besorgen zu können [Google Earth]. Filtert dieses durch einen selbst gemachten Sandfilter mit Aktivkohle und kocht es vor dem Verzehr ab! Druckt euch google maps oder google earth Ansichten euer näheren und weiteren Umgebung aus und markiert euch eventuelle und sichere Wasserquellen! Überlegt euch, wie

ihr im Ernstfall ungesehen und ungehindert an diese Wasserquellen heran kommt!
[Zugangsmöglichkeiten und Ausrüstung (Nachtsichtgerät, Drahtschere, Kanister im Rucksack ect.)]
2. Wenn der Strom ausfällt, was sehr wahrscheinlich sein wird, müßt ihr einen ausreichenden Vorrat an Batterien zur Notbeleuchtung für euere Taschenlampen angelegt haben! Eine Autobatterie versorgt euch mit 12V Strom. Mittels eines Konverters könnt ihr sogar kurzzeitig 220V Gräte anschließen, wie z.B. Ladegeräte für Taschenlampen Akkus.
Besorgt euch rechtzeitig ein kleines Kurbelradio so könnt ihr auch Notfallprogramme hören. Für

wenig Geld gibt es bereits brauchbare Kurbeltaschenlampen! Legt euch wenigsten 2 Stück davon zu!

TIPP: Vermeidet es, bei ungewöhnlichen Geräuschen nachts aus der Wohnung zu leuchten! Das könnte Plünderer oder Vergewaltiger anlocken! Wenn ihr draußen was hört, verhaltet euch ruhig! Bleibt von den Fenstern weg! Beruhigt sensible Personen in euerer Umgebung! Ermahnt sie zur absoluten Ruhe! Um Nahrung zubereiten zu können, legt euch einen 1 oder 2 flammigen Gas-Campingkocher mit ausreichend Gaskartuschen zu. Ein ausreichender Vorrat an 8 Stunden Teelichtern (Metro) spendet Trost und Wärme und eignet sich auch zum Erwärmen von Speisen. Kein Feuer ohne Feuerzeuge oder Streichhölzer! Kauft einen Vorrat an Feuerzeugen!!

3. Um ein langfristiges Überleben zu sichern braucht ihr einen sinvoll zusammengestellten Nahrungsmittelvorrat! Siehe Notfallchecklisten [Link] Achtet beim Kauf bereits auf das Haltbarkeitsdatum. Je länger haltbar, desto besser.

TIPP: auch hier gilt wie immer, ist eine Konservendose nicht aufgebläht, ist der Inhalt noch essbar! Diverse Lebensmittel wie Mehl, Backmischungen, Trockenhefe, Bohnen, – uvm. sollten vakuumiert werden! Dadurch erhöht sich ihre Haltbarkeit um Jahre!

Eine gute Maßnahme ist es, sich

einen größeren Vorrat an selbst erstellten EPAs anzulegen!
Bunkert dazu noch einen Vorrat an Vitamintabletten und diversen Mineraltabletten.

4. Sollte eure Wohnung von Plünderern belagert werden, müsst ihr die Möglichkeit zur Flucht haben! Wer eine Wohnung höher als Hochparterre (hohes Erdgeschoss) hat, ist gut beraten, sich ein kräftiges Seil zuzulegen. Wenn möglich ein professionelles Kletterseil / Paracord mit Sitzgurt. (alternativ gibt es gute Seile als Meterware im Baumarkt) Ein paar Trainingsstunden in der Kletterhalle können da nicht schaden! Vor dem Kauf eines Kletterseils müßt ihr die absolute Abseiltiefe herausfinden!! Besorgt euch dazu ein Knäuel Paketschnur

oder Bindfaden und lasst daran ein Gewicht bis zum Boden hinab. Messt nun die Länge und ihr wisst, wie hoch eure Wohnung liegt.
Könnt – oder wollt ihr euch nicht mit einem Sitzgurt im Stil der Gebirgsjäger abseilen, dann knotet euch alle 50 cm einen "normalen" Knoten und zieht diesen fest an. Bedenkt aber, dass euer Seil in diesem Fall fast [je nach Höhe] doppelt so lang sein muss! Testet, am besten Nachts und unbeobachtet, ob das geknotete Seil auch bis zum Boden reicht. Habt ihr die Möglichkeit, das Treppenhaus zu verbarrikadieren, tut das im Ernstfall!
Verstärkt eure Wohnungstüre! 3 bis 4 quer angebrachte und mit dem umliegenden Mauerwerk [nicht mit dem Türrahmen!] verschraubte

Stahlwinkel machen zusammen mit 5-6mm starkem Fachstahl aus eurer Wohnungstüre eine "Bunkertüre" die auch Angriffen mit einer Axt von aussen einigermaßen Standhält. Sicheres Verschanzen in Wohnungen in Krisensituationen – Notfallmaßnahmen Solche Türsicherungen sind in 30-40 Minuten befestigt!Das gewaltsame Öffnen der Wohnungstüre verschafft euch ausreichend Zeit um euch professionell abzuseilen!
5. Um die Zeit des eingebunkertseins halbwegs hygienisch zu überstehen, solltet ihr euch Gedanken zur Notdurft machen! Bunkert Klopapier! Ein guter Tipp von mir sind Rollen mit Plastiktüten aus der Gemüseabteilung im Supermarkt! Fragt den Filialleiter, ob er euch

eine ganze Rolle schenken kann! Diese Tüten könnt ihr einzeln über einen kleinen 5 Liter Eimer spannen und eure Notdurft hinein verrichten. Klingt zunächst komisch, aber: es gibt eventuell keinen Strom und kein Wasser! Haltet unbedingt ein Mindestmaß an Körperhygiene ein! Ein Pilz an den Füßen oder im Intimbereich kann unter Umständen verheerende Auswirkungen haben! Opfert täglich etwas Wasser um euch zu reinigen!! Haltet eure Socken oder Strümpfe trocken!! Das hilft Entzündungen an den Füßen zu vermeiden!
Haltet eure Wohnung sauber! Das vermeidet Ungeziefer! Wie ihr die Beutel entsorgt bleibt eurer Phantasie überlassen…
Bedenkt aber, dass vor einem Haus

verstreute Kack-Beutel ein eindeutiger Hinweis auf Bewohner sind!!!Daher besser die zugeknoteten Tüten im Dunkeln auf einen unbewohnten Nachbarbalkon werfen!

6. Bei einer überstürzten Abreise ist ein vernünftiges Fluchtgepäck sinnvoll!Wie ihr einen Notfallrucksack ausrüstet seht ihr hier Packt aber nur soviel ein, wie ihr auch bequem tragen könnt! Haltet ein Messer kampfbereit am Körper um euch und euer Eigentum verteidigen zu können!

7. Wenn ihr eure Wohnungsnachbarn gut kennt und ihnen Vertrauen schenkt, versucht herauszubekommen, ob sie ähnlich denken wie ihr. Verratet allerdings eure Hintergedanken nicht! Sonst sind eure Nachbarn die ersten

Plünderer!!Im Ernstfall könnt ihr so eine sinnvolle Allianz bilden.
[…und Ja, ich bin ehemaliger Seemann und ehem. Einsatzkraft – ausgebildet als Sicherungs-Personal…Und Ja, ich war es sehr gerne und es erfüllt mich auch heute noch mit Stolz, für den Schutz meiner Kunden und unserer Werte ausgebildet worden zu sein!]

Tarp – Notzelt

Tarp bedeutet Plane
- und aus einer Plane kann man ein erstklassiges Tarp – Notzelt machen.Eine brauchbare Plane mit Ösen im Camouflage könnt ihr hier günstig kaufen Top Preis und Top Händlerbewertungen! In der Regel kann man in jedem Baumarkt für wenig Geld eine 2x3m Gewebeplane kaufen.Natürlich kann man sich auch für teuer Geld

über diverse Outdoorausrüster 3x3m Planen kaufen. Aber, ich denke das muss nicht sein.
Meiner Meinung nach gehört in jeden Rucksack eine 2x3m Plane für den Notfall mit enstprechend ausreichender Schnur zum Aufbau und zur Befestigung.Bin ich im Gelände unterwegs, kann ich mir auf die Schnelle ein erstklassiges Tarp – Notzelt machen. Dieses schützt mich vor Regen, Wind oder Taufeuchte. Außerdem vermittelt ein Zelt ein gewisses Gefühl an Sicherheit. Ein sehr wichtiger Aspekt in bestimmten Situationen!

Wichtige Tipps:
Es gibt verschiedene Möglichkeiten sich aus einer 3x2m und einer 3x3m Gewebeplane mit Ösen einen Unterschlupf oder ein Zelt zu bauen.Hier zeige ich euch

verschiedene Möglichkeiten, sich aus einer 3x2m oder einer 3x3m Gewebeplane mit Ösen einen Unterschlupf oder ein Zelt zu bauen.Allerdings solltet ihr folgedes beachten:
- Wind- und Wetterrichtung beachten – Zeltöffnung mit dem Wind
- bei stakem Wind oder Sturm das Zelt möglichst flach halten
- Achtung vor herabfallenden Ästen
- Achtung in der Nähe von fließenden Gewässern – diese können innerhalb
kürzester Zeit rapide ansteigen
- bei Starkregen mit einem Ast einen Sickergraben um das Zelt ziehen
- Rollrichtung beim Schlafen beachten

- Vorsicht mit offenem Feuer vor dem Zelt – Brandgefahr (besonders im Wald!)

Hier hatten wir eine Plane mit 2x3m als improvisiertes Zelt aufgespannt.

Unser Planenzelt im Wald aus einer 2x3m Gewebeplane

In diesem Fall diente uns die 3x6m Plane als Schutz für unser Lager.

Eine 3x6m Plane als Wetterschutz über unserem Lagerplatz und den Zelten schützte uns vor einem plötzlichen heftigen Gewitterregen und Taufeuchte. Campfire-Grillen im Trockenen. Die Plane hatte ich auch über unsere Zelte gespannt. Das hat den Effekt, dass die Zelte nicht von direkter Sonneneinstrahlung aufgeheizt werden, regengeschützt und vor herabfallenden Ästen geschützt sind!

Taschenkocher

Dieser kleine Taschenkocher passt wirklich in jeden Rucksack und in jede noch so kleine Seitentasche! Eines meiner neuesten SMOG ist dieser kleine Taschenkocher.

In eine leere Velamints Dose habe ich etwas zurecht geschnittene Watte gedrückt und mit einem Stückchen Fliegengitter aus Metall gesichert. Besser noch wäre ein Stückchen Steinwolle. Die brennt selbst nicht weg.Das Fliegengitter habe ich mit einer normalen Haushaltsschere zurecht geschnitten. Passgenau habe ich es hinbekommen, indem ich die untere Hälfte der Dose umgedreht auf das Drahtgeflecht gelegt und mit der Schere am Rand entlang geschnitten habe.Anschließend habe ich mir aus einem Stück Hasengitter (war noch übrig vom Hochbeetbau) einen Bechersockel geformt.Die Velamints Dose passt exakt in das Gitter.Die Watte habe ich mit Spiritus getränkt.Für einmal Wasser im Becher aufkochen reicht eine Deckelfüllung eines Schraubverschlusses einer normalen Wasser-oder Limoflasche.Nun muss ich nur noch den Deckel runter schieben und eine Flamme an das Gitter halten. Tasse drauf und los geht`s! Anstelle des Bechersockels reichen draussen in freier Wildbahn auch ein paar kleine Steine! Hier die verbesserte Version meines Taschenkochers mit WindschutzWieder kommt eine Velamints-Pastillendose zum Einsatz. Diesmal habe ich mir aus

Alublech einen passgenauen Winschutz angefertigt. Während des Transports wird die Pastillendose einfach von oben in den Winschutz gedrückt.Ich habe die Pastillendose aus dem Windschutz herausgenommen und den Deckel heruntergeschoben. Die verbesserte Version des Taschenkochers enthält ein Vlies aus Steinwolle, ein passgenaues Stückchen Fliegengitter und ein ebenso passgenaues Stück Hasengitter. – Nun gieße ich vorsichtig etwas reinen Isopropyl-Alkohol in meinen Taschenkocher. (Spiritus geht auch!)Um mir nicht die Finger mit einem Feuerzeug zu verbrennen zünde ich den Akohol mit einem Zündholz an. Den Brenner habe ich vorher von unten in den Windschutz gedrückt.

Optimale Höhe des Windschutzes bei gleichzeitiger Luftzufuhr! Sobald es richtig brennt stelle ich meine Edelstahl-Espressokanne darauf. (Ich versuche wo es nur geht auf das höchst giftige Aluminium zu verzichten!!)In die obere Kante habe ich mit einer Blechschere auf jeder Seite drei Zacken herausgeschnitten. Mit einem 6er Bohrer habe ich auf jeder Seite unten drei Luftlöcher gebohrt.Je nachdem wie der Wind weht, können die Flammen schonmal kräftig an der Kanne hochzüngeln – aber es zischt bereits…Oh ja! Der Espresso kocht auf voller Stufe!Da fließt er mein frisch gebrühter Espresso! **Nachmachen unbedingt empfohlen! Ersetzt jeden Esbitkocher!**

Trinkflasche selbst gemacht:
Jeder Survivalist, Prepper oder Outdoorfan hat sich schon mal Gedanken um eine Trinkflasche gemacht. Wie groß, wie schwer, und für mich das Wichtigste: kein Aluminium. Da ich für mich nichts vernünftiges gefunden hatte aber eine brauchte, kam ich auf die Idee mir eine PET-Pfandflasche umzufunktionieren.Um sich eine funktionsfähige Trinkflasche für unterwegs zu machen braucht ihr einen stabilen Draht, einen Karabiner, eine PET Flasche und einen SeitenschneiderSchlingt den Draht um den Hals der Trinkflasche und lasst ca. 3cm überstehenVerdreht den Draht mögichst fest und eng um das lange EndeZwickt mit einem Seitenschneider das überstehende

Ende ab Mit einer Länge von ca. 4cm schlingt ihr nun den Draht um den dicksten Teil eures KarabinersHabt ihr auch dieses Ende festgedreht, zwickt ihr das überstehende Stück ab Wer möchte, kann sich den normalen Deckel gegen einen Trinknippeldeckel von einem Iso-Getränk austauschen
Uns schon hängt die neue Trinkflasche an meiner Hose Oder am Rucksack Nach ca. 6 Std in der prallen Sonne lässt sich Wasser durch die einwirkende UV-Stahlung in einer PET Trinkflasche entkeimen. In unseren gemäßigten Breitengraden werden 6 Std allerdings nicht ausreichen. Besser wäre da eine Kombination mit einem Aktivkohlefilter und UV-Strahlung.Na, wie auch immer, die

Trinkflasche ist zwar nicht besonders "schick" aber günstig und jederzeit herzustellen. Wenn ich Durst habe, brauche ich kein Schicki-micki Krisenvorsorgetipp: Soll man mit den Nachbarn offen über Vorratshaltung sprechen?Man kommt schnell in sehr unangenehme Situationen, wenn Lebensmittel zur Mangelware werden, und zu viele Menschen in Ihrer Umgebung von Ihren Vorräten wissen. Daher muss man für sich gleich zu Anfang die Frage beantworten: Bewahre ich Stillschweigen über meine Vorräte oder nicht?Im Grunde gibt es hier nur zwei Alternativen mit „Wenn-Dann"-Logik:Sei es, dass Sie schon bei ersten Gesprächsversuchen feststellen, Sie treffen auf keinerlei Gehör und leben inmitten von

Realitätsverweigerern, die sich eine handfeste Krise nicht vorstellen können oder wollen – sei es, dass Sie befürchten, für verrückt gehalten zu werden, oder mit ihrer Nachbarschaft ist schon im tiefsten Frieden nicht gut Kirschen essen ist … es kann verschiedene Gründe geben, das Thema Krisenvorsorge nicht anzuschneiden. Wenn Sie mit den Menschen in Ihrer direkten Umgebung nicht über die Notwendigkeit von Vorratshaltung und Krisenvorsorge sprechen können oder wollen, dann sollten Sie über ihre eigene Vorsorge unbedingt Stillschweigen bewahren. Es wäre zu riskant, Ihre Krisenvorräte erst zum Thema des allgemeinen Gespötts und der Erheiterung zu machen um dann im Ernstfall die Notvorräte gegen eine plötzlich gar nicht mehr so heitere Nachbarschaft verteidigen zu müssen. Bauen Sie die Vorräte unauffällig und langsam auf. Ihre Nachbarn sollten nicht sehen, wie Sie kistenweise Konservendosen ins Haus schleppen. Daran erinnert man sich in Notzeiten ganz genau. Vielleicht sollten Sie sich lieber testweise einmal mit Leuten in Ihrer Umgebung über die gegenwärtige politische Situation unterhalten. Man braucht ja gar nicht über Vorratshaltung zu reden, man erkennt an der Grundeinschätzung der Situation schon recht schnell, ob man ähnliche Ansichten hat. Findet Ihr Gegenüber, dass Merkel und Co. Eigentlich einen guten Job machen, die Zukunft rosig leuchtet und dass Deutschland ja gerade einen wundervollen Aufschwung erlebt, erübrigt sich jede weitere Nachfrage nach Vorräten. Lässt Ihr Gesprächspartner vorsichtig durchscheinen, dass er sehr besorgt um die Zukunft ist und sich fragt, wie lange das noch gutgehen kann … voilá, hier ist Ihr zukünftiger Krisengenosse.Sollte er noch keine Krisenvorsorge betreiben, wird er aber relativ aufgeschlossen sein für Ihre Überlegungen – kommen Sie nicht zu oberlehrerhaft daher. Sprechen Sie nicht gleich davon, dass Sie den Keller voll Notvorräte gestapelt haben. Sagen Sie lieber so etwas wie „ich frage mich manchmal, ob es nicht klüger wäre, sich auf eine sehr turbulente Zeit einzurichten". Geht Ihr Nachbar darauf ein und lässt durchblicken, dass er auch an Krisenvorsorge denkt oder sie schon betreibt, dann können Sie mit offenem Visier reden. Dann aber sollten Sie beide Stillschweigen nach außen wahren und vielleicht gemeinsam einen weiteren Menschen aus Ihrer Umgebung, der eine gewisse Bereitschaft zu Nachdenklichkeit zeigt, auf Ihre Seite bringen. Wenn Sie in Ihrer direkten Umgebung Gleichgesinnte finden, sollten Sie ein Netzwerk aufbauen, Tipps austauschen und vielleicht gemeinsam neue Möglichkeiten ausloten. Zum Beispiel zusammen Gärtnern oder Reparaturen ausführen, über eine gemeinsame „Minifirma" in Notzeiten nachdenken. Vielleicht miteinander Schnaps brennen, Kleidung nähen oder auch geeignete Kurse belegen. Es gibt viele Möglichkeiten. Gibt es

schon eine Gruppe von drei oder vier Leuten in der näheren Umgebung, kommen schnell weitere dazu. Verlacht und verspottet werden Sie nur, wenn Sie allein mit Ihrer „Spinnerei" da stehen.Wenn Sie Gleichgesinnte in Ihrer Umgebung haben, sollten Sie unbedingt miteinander sprechen und sich abstimmen, gegenseitig unterstützen und aushelfen.
Nach außen sollten Sie aber gemeinschaftlich verschwiegen bleiben.Wie aber sollte man vorgehen, wenn im Krisenfall wirklich ein Nachbar an der Tür um Essen bettelt? Würde man ihn mit barschen Worten wegschicken, könnte das ungeschickt sein. Er könnte sich denken, dass man schon noch irgendetwas hat, und in seinem Zorn, dass man nichts

abgibt, könnte er versuchen, es sich mit Gewalt holen wollen. Oder er verzeiht das nicht und verweigert einem bei nächster Gelegenheit ebenfalls jede Hilfe. Das wäre keine gute Voraussetzung.Besser: Jammern, dass man selbst kaum noch was habe, aber dann doch ein bisschen herausgeben mit dem eindringlichen Hinweis, ebenfalls etwas von ihm zurück zu bekommen, sollte man es brauchen. Das macht es einem auch leichter, denn man wird wahrscheinlich schon moralische Probleme haben, einen hungrigen Nachbarn wegzuschicken.Man sollte eine Gegenleistung fordern und die Nahrungsmittel im Tausch für etwas anderes, vielleicht eine kleine Handreichung oder Dienstleistung, abgeben. Das

beschämt den Nachbarn weniger, führt aber auch dazu, dass er nicht ständig angelaufen kommt, um einfach nur etwas zu erbetteln. Man lässt ihm so seine Selbstachtung und hat einen Verbündeten.
Halten Sie sich vor Augen, dass der, der sich vorbereitet hat, ein uneingeschränktes Recht auf seinen eigenen Vorrat hat, und erst in zweiter Linie eine Pflicht zur Nächstenliebe. Wählen Sie im Übrigen die Menschen aus, denen Sie etwas geben. Ist er oder sie ein anständiger Charakter, der es Ihnen dankt?Lassen Sie nur Ihnen sehr gut bekannte Mitmenschen in Ihr Haus. Sie ahnen gar nicht, wie aufmerksam sich Leute in solchen Zeiten in anderen Häusern umsehen. Und auch Freunden sollten Sie Ihr Vorratslager nicht

zeigen. Richten Sie in einer Ecke im Schrank einen versteckten, kleinen Vorrat her, und erwecken Sie den Eindruck, das sei alles. Stellen Sie dort nur Sachen hinein, die Sie im Zweifelsfall auch weggeben würden oder die kurz vor dem Ablaufdatum sind. Die wirklich guten Sachen sollten einem Besucher nicht in die Augen stechen. Dann ist der Freund und Nachbar auch für eine Kleinigkeit dankbar. Kennt er Ihren gut gefüllten Vorratsraum, wird er viel mehr an Gaben erwarten. Verstecken Sie Teile Ihrer Vorräte an verschiedenen Orten. Falls jemand ins Haus kommt und stiehlt, findet er nicht alles auf einmal.Eines der wichtigsten Nahrungsmittel, das Sie haben müssen und jahrelang aufbewahren können, ist Getreide. Bevorraten Sie mindestens einen Jahresbedarf an Getreide. In Notzeiten ist Getreide ein kostbares Tauschmittel und Brot eine Kostbarkeit. Lernen Sie jetzt schon, Ihr eigenes Brot zu backen. Für ein paar Scheiben davon wird man Ihnen dankbar sein. In unserem Shop finden Sie Getreide, das garantiert 15 Jahre lagerfähig ist.

Die wichtigsten Vorsorgemaßnahmen sind:
1. Sichern der Einkommensquelle(n)
Die derzeit vorrangige Maßnahme: Egal womit Sie Ihren Lebensunterhalt bestreiten, ob Sie angestellt, selbständig oder Bezieher von Renten, Pensionen, Mieten, Zinsen etc. sind, Sie müssen prüfen, wie krisensicher

Ihre Einkommensquellen sind. Alle Einkommensarten sind grundsätzlich gefährdet und Sie sollten jetzt agieren statt später nur zu reagieren.

2. Prüfen und sichern der Finanzen
Dies umfasst die Analyse und Neudisposition aller Geldanlagen, soweit nötig und kurzfristig möglich. Trennen Sie sich von allen Papiergeldanlagen und Investments, die im Krisenfall deutlich an Wert verlieren. Treffen Sie darüber hinaus Maßnahmen, um Ihre Zahlungsfähigkeit jederzeit aufrechtzuerhalten.

3. Ihre persönliche Vorsorge
Wenn der Crash kommt, wird die Infrastruktur sowie die Versorgung binnen weniger Tage für eine ungewisse Zeit zusammenbrechen. Das führt zu leeren Geschäften,

Chaos und unmittelbarer Not. Legen Sie daher einen ausreichenden Vorrat für einige Wochen an, der Nahrungsmittel, Trinkwasser, Hygieneartikel, Verbrauchsgegenstände sowie Medikamente umfasst.

4. Ihre unmittelbare Sicherheit
Jegliche Vorsorge bringt nicht viel, wenn sie nicht sicher ist, Sie bestohlen oder ausgeraubt werden und sich nicht vor Eindringlingen schützen können. Daher sind grundlegende Schutzmaßnahmen Ihrer Person sowie Ihres Zuhauses unbedingt erforderlich.

5. Verbessern Sie Ihre persönlichen Fähigkeiten
Die beste Chance, die zukünftigen Wirren zu überstehen, sind Sie selbst! Sie müssen in der Lage sein, mit allem, was auch immer über Sie

hereinbrechen mag, mental fertig zu werden. Deshalb ist es wichtig, frühzeitig die eigenen psychologischen und physischen Fähigkeiten zu verbessern.
Das sind die Bereiche, die Ihnen Rückhalt und Standfestigkeit für jede Situation geben, egal was passiert. Geld und Edelmetalle über die Grenze bringen – was ist zu beachten?Grundsätzlich gilt: Jeder, der mit Bargeld, Edelmetallen oder ausländischen Währungen im Gesamtwert ab 10.000 Euro aufwärts aus Deutschland in ein Nicht-EU-Land ausreist oder aus einem solchen nach Deutschland einreist, muss diese Barmittel bei der zuständigen deutschen Zollstelle anmelden, und das unaufgefordert.Sie bekommen dann ein abgestempeltes

Anmeldeformular, das Sie (am besten griffbereit) mit sich führen müssen, denn nicht nur an den Grenzen, sondern auch im Landesinneren können Sie vom Zoll kontrolliert werden. Und das nicht nur in Deutschland. Wenn Sie diese Bescheinigung nicht vorweisen können, wird das sehr unangenehm. Wer mit solchen Barmitteln angetroffen wird und die gar nicht – oder unvollständig deklariert hat, muss mit hohen Geldstrafen rechnen.Es handelt sich zwar hierbei „nur" um eine Ordnungswidrigkeit, aber die Geldbuße kann bis zu einer Million Euro betragen! Überdies wird das, was Sie da nicht angemeldet haben auch eingezogen und einbehalten, Sie müssen also mit Totalverlust rechnen, wenn Sie das Risiko eingehen.Melden Sie daher die Barmittel an. Dazu brauchen Sie das Formular „Anmeldung von Barmitteln", Formular Nummer 0400 (deutsche Fassung) oder Formular 0401 (englische Fassung). Die Formulare bekommen Sie an den Schaltern im Zollamt. Wenn Sie die Wartezeit im Zollamt verkürzen wollen, können Sie das Formular auch herunterladen, ausdrucken und ausfüllen – oder gleich online am Computer ausfüllen. Hier ist der Link zum Formular.Bitte beachten Sie: Diese Anmeldung müssen Sie unaufgefordert am Zollamt an der Grenze abgeben, also auch dann, wenn der Grenzbeamte Sie nicht anhält und fragt oder Sie einfach durchwinkt.Unter „Bargeld" fällt nicht nur Bargeld in Form von heute im Umlauf befindlichen gesetzlichen Zahlungsmitteln wie Banknoten und Münzen. Auch solche, die keine gültigen Zahlungsmittel mehr sind, aber noch gegen diese eingetauscht werden können, fallen darunter. Zum Beispiel die D-Mark, da sie immer noch bei der Bundesbank gegen Euro eingetauscht werden kann. Dasselbe gilt daher natürlich für französische Franc, österreichische Schilling, etc. Ausländische Währungen werden zum tagesaktuellen Wechselkurs der Ein- oder Ausreise umgerechnet. Achten Sie also darauf, dass Sie nicht allzu knapp kalkulieren, falls Sie in jedem Fall ohne Anmeldung reisen möchten und dazu unter der 10.000 Euro-Grenze bleiben wollen.Weiterhin gelten auch Wertpapiere als Barmittel, da sie überall zu Geld gemacht werden können. Das sind beispielsweise Sparbriefe, Wechsel, Schecks und Travellerschecks, sogar Aktien fallen darunter. Ein wenig anders verhält es sich mit Edelmetallen. Sie gelten beim Grenzübertritt in Drittländer (also außerhalb der EU) nicht als Barmittel, sondern als anmeldepflichtige Waren. Und dabei beträgt der deklarierungsfreie Wert nur 300 Euro. Dabei wird der tatsächliche Marktwert ermittelt. Obwohl beispielsweise auf dem sogenannten „Silberphili", der Ein-Unzen-Silbermünze „Wiener Philharmoniker", ein Nominalwert von 1,5 Euro aufgeprägt ist, ist die Münze natürlich weit mehr wert. Berechnet wird der tatsächliche

Kurs – nämlich der, der an diesem Tag für die Münze bei einer Bank oder einem Edelmetallhändler gezahlt werden müsste.Etwas anders liegt der Fall bei einem Grenzübertritt innerhalb der EU. Auch hier dürfen Sie bis zu 10.000 Euro an Barmitteln ohne Anmeldung mit sich führen. Haben Sie mehr dabei, müssen Sie diese Mittel aber nicht unaufgefordert anmelden, sondern nur bei der Ein- oder Ausreise mündlich mitteilen, wenn Sie gefragt werden. Das heißt: Winkt der Grenzer Sie durch, dürfen Sie innerhalb der EU mit Barmitteln bis zu 10.000 Euro einfach durchfahren, ohne Anmeldung und Formulare Werden Sie gefragt, müssen Sie wahrheitsgemäß deklarieren. Zollbeamte, aber auch

Polizeibeamte (nicht nur Grenz- oder Bundespolizei) dürfen um Auskunft ersuchen. Sollten Sie dazu befragt werden, sind Sie umfassend auskunftspflichtig. Das bedeutet: Sie müssen nicht nur alles angeben, sondern auch erklären, was für Barmittel Sie bei sich führen, woher sie stammen, wie die genauen Eigentumsverhältnisse lauten und wozu Sie die Barmittel mit sich führen. Beispielsweise reicht es nicht zu sagen „Diese Papiere habe ich von einem Bekannten, die sind so ungefähr 15.000 Euro wert und ich soll die zu dessen Freund bringen".
Auch hier winkt, wie bei der Ein- und Ausfuhr von Deutschland in Drittländer, eine Strafe bis zu einer Million Euro, wenn Sie die Barmittel bei einer Befragung nicht

– oder nicht vollständig – anzeigen. Die Barmittel werden in so einem Fall auch hier sichergestellt und einbehalten (im Klartext: Ihnen abgenommen). Was ist also innerhalb der EU auf Anfrage der Beamten anzeigepflichtig? Die Definition von „Bargeld" ist dieselbe wie bei der Ein- und Ausreise in Drittländer (siehe oben). Dann gibt es noch die Kategorie der „gleichgestellten Zahlungsmittel". Darunter fallen nicht nur Sparbücher, Sparbriefe, Schecks aller Art, Aktien und Wechsel, sondern innerhalb der EU zählen auch Platin, Gold und Silber, Diamanten, Rubine, Saphire oder Smaragde zu den Geld gleichgestellten Zahlungsmitteln. Bei Anlagemünzen aus Edelmetall gelten die gleichen Grundsätze zur

Wertermittlung wie bereits oben beschrieben.Allerdings sind Waren aus den oben genannten Materialien keine „gleichgestellten Zahlungsmittel". Das heißt: Schmuck aus Gold, Silber und Platin einschließlich darin verarbeiteter Edelsteine, Silberleuchter, Silberbesteck, Goldschalen etc. fallen nicht unter den „Zahlungsmittel"-Begriff und müssen nicht angegeben werden. Auch nicht auf Anfrage. Grundsätzlich sehen die Bestimmungen vor, dass jede Person, die Bargeld oder die beschriebenen, gleichgestellten Zahlungsmittel im Gesamtwert von 10.000 Euro oder mehr über eine Grenze führt, das auch anzeigt, bzw. auf Anfrage anzeigen muss. Dabei ist es nicht zulässig, die

Barmittel auf mehrere Personen zu verteilen, um damit die Anzeigepflicht zu umgehen (vgl. hier). Auch hier liegt andernfalls eine Ordnungswidrigkeit vor, die mit bis zu einer Million Euro geahndet werden kann.Was also, wenn ein Kleinbus mit Vater, Mutter, Kindern, Oma und Opa und Tante über die Grenze fährt, um vier Wochen Urlaub zu machen und insgesamt mehr als 10.000 Euro an Reisekasse dabei hat (jeder der Erwachsenen aber unter dieser Grenze)? Muss die Reisegruppe dann mit einer Million Euro Strafzahlung rechnen?Erst ein Anruf beim Bundesministerium der Finanzen brachte hier Klarheit. Ein netter Herr namens Saalfeld versichert uns, dass man sich in so einem Falle keine Sorgen machen müsse. Wenn auf Anfrage des Zöllners die (innerhalb der EU) mitgeführte Summe richtig angegeben werde und die Situation nicht direkt Anlass zu einem Verdacht (Geldwäsche, Terrorismus) liefere, könne die Reisegruppe ohne Probleme mit Ihren Barmitteln passieren. Denn die Mitnahme von Barmitteln über 10.000 Euro ist ja nicht per se ein Problem oder gar eine Gesetzeswidrigkeit, doch sie muss eben nachvollziehbar sein. Bei wahrheitsgemäßen Angaben haben Sie jedenfalls nichts zu befürchten. Seien Sie vorsichtig – die Gefahr eines Goldverbots besteht auch bei uns Schützen Sie Ihre Edelmetallvorräte durch einen „anonymen" Kauf und eine sichere LagerungEs ist auch bei uns in

Deutschland oder in den EU-Ländern denkbar, dass im Falle eines Crashs ein Goldverbot wie 1933 in den USA verhängt wird. Daher sollte man das Gold unbedingt anonym kaufen und unter eigener Obut lagern. Schließfächer in Deutschland oder EU-Ländern sind nicht zu empfehlen. Bei größeren Beträgen sollte man ein Schließfach in der Schweiz oder Liechtenstein eröffnen.

Goldverbot im Kopf
Neben der Möglichkeit eines gesetzlichen Goldverbots gibt es auch noch das Goldverbot im Kopf. Damit ist die durch einseitige und teils falsche Informationen bewirkte negative Grundhaltung der meisten Menschen gemeint, die häufig zur Entscheidung gegen

einen Goldkauf führt. Häufig wird beispielsweise geschrieben, ein Goldinvestment sei eine Art veraltetes Relikt und lohne sich längst nicht mehr. Oder die Aufbewahrung sei unverhältnismäßig aufwendig und teuer. Und last but not least wird nie vergessen zu erwähnen, dass Gold keine Zinsen abwirft. Ebenso wird zu fast jeder Zeit behauptet, Gold sei teuer (dieses „Argument" habe ich sogar vor acht Jahren bei einem Unzenpreis von ca. 450 Euro gehört). Lassen Sie sich hier nicht in die Irre führen. In Relation zu den Gefahren des Papiergelds liegen Sie mit Gold ziemlich gut. Das Goldverbot in den USA aus dem Jahr 1933 – ein Erlass, wie er in ähnlicher Lage auch bei uns denkbar ist:

Die Konfiszierung des Goldes vom 5. April 1933

Von: Präsident der Vereinigten Staaten, Franklin Delano Roosevelt
An: Den Kongress der Vereinigten StaatenDatum: 5. April 1933
Anordnung des Präsidenten 6102
Das Untersagen des Hortens von Goldmünzen, Goldbarren und GoldzertifikatenAufgrund des mir verliehenen Amtes, bestimmt durch Abschnitt 5 (b) der Verordnung vom 6. Oktober 1917 und durch den ergänzenden Abschnitt 2 der Verordnung vom 9. März 1933, genannt „Eine Verordnung, die Abhilfe in der momentanen nationalen Bankkrise verschaffen soll, und für andere Zwecke" in deren zusätzlicher Verordnung der Kongress erklärte, dass ein dringlicher Notfall besteht, erkläre

ich, Franklin D. Roosevelt, Präsident der Vereinigten Staaten von Amerika, dass genannter nationaler Notfall weiterhin besteht und gemäß des besagten Abschnitts untersage ich hiermit das Horten von Goldmünzen, Goldbarren und Goldzertifikaten innerhalb der (kontinentalen) Vereinigten Staaten durch Einzelpersonen, Personengesellschaften, Verbände sowie Handelsgesellschaften und bestimme hiermit folgende Verordnung zur Ausführung des Erlasses:

Abschnitt 1. Im Sinne dieser Verordnung, bedeutet der Begriff „Horten" das Entziehen und Zurückhalten von Goldmünzen, Goldbarren und Goldzertifikaten von den anerkannten und üblichen Handelswegen. Der Begriff

„Person" meint jede Einzelperson, Personengesellschaft, Verband und Handelsgesellschaft.

Abschnitt 2. Alle Personen werden hierdurch verpflichtet, am oder vor dem 1. Mai 1933 alle Goldmünzen, Goldbarren oder Goldzertifikate, die jetzt in ihrem Besitz sind oder in diesen am oder vor dem 28. April 1933 gelangen werden, an eine US-Notenbank oder eine ihrer Zweigstelle oder Vertretung oder jegliche andere Mitgliedsbank der US-Notenbehörde auszuliefern Ausgeschlossen davon sind:

(a) Die Mengen Gold, die für den legitimen und üblichen Gebrauch in Industrie, Beruf oder Kunst innerhalb einer angemessenen Zeit benötigt werden, eingeschlossen Gold vor dem Raffinieren, und Goldaktien in angemessener Menge

für die üblichen
Handelsvoraussetzungen von
Goldminenbesitzern und
Goldraffieneuren.
(b) Goldmünzen und
Goldzertifikate einer jeden Person,
die zusammengenommen die
Gesamtmenge von 100 $ nicht
überschreiten; und Goldmünzen,
die für Sammler seltener und
ungewöhnlicher Münzen einen
besonderen Wert darstellen.
(c) Goldmünzen und Goldbarren,
die für einen Treuhandfond für
eine anerkannte ausländische
Regierung, oder eine ausländische
Zentralbank oder die internationale
Ausgleichsbank vorgesehen oder in
einem solchen Fond gehalten sind.
(d) Goldmünzen oder Barren, die
für die anderen ordnungsgemäßen
Transaktionen (Horten

ausgeschlossen) lizenziert sind, einschließlich Goldmünzen und Goldbarren, die für den Re-Export importiert wurden oder für die Exportlizenzen beantragt sind und deren Genehmigung aussteht.

Abschnitt 3. Bis anders bestimmt wird, soll jede Person, die nach dem 28. April 1933 in den Besitz von Goldmünzen, Goldbarren und Goldzertifikaten kommt, diese innerhalb drei Tage nach deren Erhalt in der Form, wie sie in Abschnitt 2 beschrieben ist, ausliefern; es sei denn, solche Goldmünzen, Goldbarren oder Goldzertifikate werden aus einem Grund besessen, wie in den Paragraphen (a), (b) oder (c) von Abschnitt 2 ausgeführt wird, oder es sei denn, dass solche Goldmünzen oder Goldbarren aus solchen Gründen besessen werden, wie in Paragraph (d) von Abschnitt 2 ausgeführt und die Person, die sie besitzt, ist, mit Bezug auf solche Goldmünzen oder Barren, ein Lizenzträger oder Antragsteller für eine solche Lizenz, auf die die Entscheidung aussteht.

Abschnitt 4. Nach dem Erhalt von Goldmünzen, Goldbarren oder Goldzertifikaten, wie in Abschnitt 2 oder 3 beschrieben, wird die US-Notenbank oder eine Mitgliedsbank eine äquivalente Menge jeglicher anderer Münzformen oder Währung auszahlen, wie sie unter dem Gesetz der Vereinigten Staaten geprägt oder herausgegeben werden.

Abschnitt 5. Mitgliedsbanken sollen alle Goldmünzen,

Goldbarren und Goldzertifikate in ihrem Besitz oder die sie erhalten (anders als befreit unter den Ausnahmen in Abschnitt 2) an die US-Notenbank in ihrem entsprechenden Gebiet ausliefern und erhalten dafür Kredit oder Bezahlung.

Abschnitt 6. Der Finanzminister, dem Präsidenten zur Verfügung gestellt durch Abschnitt 501 der Verordnung vom 9. März 1933, wird in allen angebrachten Fällen die entsprechenden Kosten für den Transport von Goldmünzen, Goldbarren und Goldzertifikaten erstatten, die, in Übereinstimmung mit Abschnitt 2, 3 oder 5 dieser Bestimmung zu einer Mitgliedsbank oder US-Notenbank geliefert wurden. Dies schließt die Kosten für Versicherung, Schutz

oder solch anderer zufälliger Kosten wie sie notwendig sind, ein. Die entstandenen Kosten müssen begründet werden.
Belegsvordrucke dafür werden von der US-Notenbank zur Verfügung gestellt.
Abschnitt 7. In Fällen, in denen das Ausliefern von Goldmünzen, Goldbarren oder Goldzertifikaten durch den Besitzer innerhalb des vorgeschriebenen Zeitrahmens eine außerordentliche Notlage oder Schwierigkeiten verursacht, kann der Finanzminister, nach seinem Ermessen, die Zeitspanne für eine solche Auslieferung verlängern. Anträge für solche Verlängerungen müssen unter schriftlichem Eid gestellt, an den Finanzminister adressiert und bei einer US-Notenbank eingereicht werden.

Jeder Antrag muss das gewünschte Datum für die Verlängerung beinhalten, die Menge und den Aufenthaltsort der Goldmünzen, Goldbarren oder Goldzertifikate, auf die solch ein Antrag bezogen ist, sowie die Gründe für eine solche Verlängerung, um eine Notlage oder Schwierigkeiten zu verhindern.

Abschnitt 8. Hiermit wird der Finanzminister ermächtigt und berechtigt, weitere Verfügungen zu erlassen, die nach seinem Ermessen notwendig sind, um diesen Erlass umzusetzen und um weitere Lizenzen durch Beamte oder Behörden erteilen zu lassen, die er bestimmen kann. Dies schließt Lizenzen ein, die es der US-Notenbank und Mitgliedsbanken der US-Notenbehörde erlauben, im

Gegenzug für eine äquivalente Summe von anderen Münzen, Währungen oder Krediten Goldmünzen und Goldbarren auszuliefern, vorzubestimmen oder in Fonds zu halten. Dies geschieht durch oder für Personen, die den Bedarf für einen der in den Paragraphen (a), (c) und (d) von Abschnitt 2 dieser Verordnung. dargestellten Gründen haben.

Abschnitt 9. Wer vorsätzlich eine der Ausnahmen dieser Anordnung des Präsidenten, dieser Verordnung oder einer Regel, Regulation oder Lizenz, die darunter vergeben wurde, verletzt, kann mit bis zu 10.000 $ Strafe belegt werden oder, wenn es eine natürliche Person ist, mit einer Gefängnisstrafe von bis zu 10 Jahren oder beidem belegt werden; und jeder Beamte,

Direktor oder Vertreter einer Handelsgesellschaft, der wissentlich an einer solchen Verletzung beteiligt ist, kann mit einer ähnlichen Geld- oder Gefängnisstrafe oder beidem, belegt werden.

Dieser Erlass und diese Bestimmungen können jederzeit geändert oder widerrufen werden.Eine finanzielle Grundlage für die Auswanderung?

Vielen behagt die Situation in Deutschland bzw. Europa verständlicherweise nicht und daher keimt der Wunsch nach einer Auswanderung auf. Häufig wird diese Überlegung jedoch aufgrund Bedenken hinsichtlich des Einkommens schnell wieder zur Seite gelegt. Wovon lebt man in einem neuen Land? Findet man dort eine Arbeit und wie ist es mit der Bürokratie? Oftmals gibt es für den angestammten Beruf keinen Bedarf, möglicherweise auch keine Erlaubnis oder verschiedene andere Hindernisse. Also ein klassisches KO-Kriterium. – Oder nicht? Wenn schon neue Wege beschritten werden, dann sollte man dies auch bei den Einkommensquellen in Betracht ziehen.Sie haben sicher unseren Artikel Finanzielle Krisenvorsorge: Ersparnisse vermehren, so wie es Vermögende tun gelesen. Dort stelle ich mit dem Kauf einzelner Werbepakete eine rentable Investitionsmöglichkeit vor. Das geht so: Man investiert für diese Adpacks jeweils 25 Euro und erzielt damit binnen rund 180

Tagen einen garantierten Erlös von fünf Euro; also eine Rendite von 20 %. Mit einer Einlage von beispielsweise 10.000 Euro für insgesamt 400 Adpacks wandelt man diesen Betrag in eine dauerhafte monatliche Zahlung in Höhe von 350 Euro um, ohne dass der Anlagebetrag reduziert wird. Verdoppelt man diesen Betrag auf 20.000 Euro, so verfügt man über monatlich 720 Euro und kann als Single in einem günstigen Land wie bspw. Thailand oder Mexico davon seinen Lebensunterhalt bestreiten. Und das mit einem täglichen Zeitaufwand von knapp 15 Minuten für das Anklicken von zehn Anzeigen im Rahmen der Werbegemeinschaft. So verbleibt viel Zeit, um das neue Leben zu gestalten oder weitere

Einnahmequellen aufzutun. Welche Möglichkeit gibt es, wenn man diesen Betrag nicht auf der hohen Kante hat bzw. man nicht alleinstehend ist, sprich mehr Geld benötigt? In diesem Falle bietet dieses Geschäft jedem einen interessanten Weg durch eine Weiterempfehlungsprovision. Es gehört zum Normalsten auf der Welt, anderen von guten Möglichkeiten zu erzählen. Und das wird hier auf einer dauerhaften Basis honoriert, so dass man sich eine echte Grundlage schaffen kann. Auf die Einlage bzw. die künftigen Reinvestitionen der gewonnenen Partner erhält man eine Provision von 11 %. Bereits eine Handvoll Partner, bspw. zehn mit je 100 Packs, bescheren einen zusätzlichen monatlichen Erlös von rund 500 Euro. Und das ist binnen weniger Wochen möglich und sogar mir gelungen, obwohl ich nicht viel Zeit investiert habe bzw. über kein entsprechendes großes privates Netzwerk verfüge. Ich denke findige Leute können da weitaus erfolgreicher sein (Ich verweise dafür u. a. auf die sogenannten Sozialen Medien). 500 Euro ist mehr als ein Minijob einbringt; das könnte das Aufstehen um 4 Uhr in der Früh fürs Zeitungsaustragen ersparen. Oder den Aushilfsjob am Abend oder Wochenende erübrigen. Das Kind könnte sich aufs Studium konzentrieren, statt an der Tankstelle Zigaretten und Benzin zu verkaufen. Oder mit diesem zusätzlichen Geld könnte die Kreditrate bezahlt werden…

Für alle denen dieses Thema neu sein mag, sei gesagt, dass eine Vermittlung gegen Provision seit Jahren im Internet gang und gäbe ist und einen enormen Markt darstellt. Egal, ob man den günstigsten Kredit, den besten Flug oder die vorteilhafteste Versicherung über ein Vergleichsportal bucht, so freut sich der Betreiber jeweils über seine Beteiligung. Ebenso der Onlineauftritt der Lieblingszeitung oder der gerne gelesene Blog, der die neusten Buch- oder Abnehmtipps ausspricht und den Leser zu einem Anbieter schickt, um gegen eine prozentuale Beteiligung die redaktionelle Arbeit zu finanzieren.Das ist eine Chance, sich binnen weniger Monate die finanzielle Basis für eine

Auswanderung – oder als interessantes Nebeneinkommen hierzulande – zu schaffen, die kontinuierlich wächst. Das könnte rascher vonstattengehen als die Auswahl des Wunschlandes. Natürlich stellt sich die Frage, ob diese Firma bzw. dieses Geschäftsmodell dauerhaft ist und über allen Risiken steht. Auch angesichts der weiter schwelenden weltweiten Finanzkrise. Das Geschäftsmodell der OneVision Holding AG ist ein Paket an Dienstleitungen im Internet; das weltweite Netz wird auch künftig bestehen und nach einem Crash kommt die Wirtschaft wie nach jedem Einbruch wieder in die Gänge. Werbung im Internet, Suchmaschinen und Onlinegeschäfte werden auch dann gefragt sein. Aufgrund meiner Vorprüfung habe ich mich dafür entschieden; wohlwissend dass es keine absolute Garantie gibt. Keine Firma, angefangen von der 1-Mann Aktivität bis hin zu einem Weltkonzern wie Volkswagen ist absolut sicher. (Genau betrachtet war das niemals anders, wir wiegen uns nur zu gerne in einer scheinbaren Sicherheit.) Wie wir hinlänglich wissen sind sogar ganze Nationen mittlerweile in ihrer Zahlungsfähigkeit bedroht.

Wir leben aktuell in einer Zeit der starken Veränderungen und nur derjenigen, die mit den neuen Gegebenheiten zurechtkommen, werden überleben. Neben vielem anderen gehört für mich ein Einstieg und eine Vertrautheit in neue Geschäftsmodelle unbedingt dazu. So wie vor hundert Jahren Sattler und andere Berufe ausgestorben sind, werden in nächster Zukunft unzählige kaufmännische Berufe, Kraftfahrjobs, ja sogar Tätigkeiten im Gesundheitswesen und weiteren Bereichen verloren gehen. Besser jeder rüstet sich frühzeitig.

Was ich oben noch gar nicht explizit betont habe ist ganz besonders für alle Unternehmer mit einer eigenen Internetseite interessant: Mit dem Kauf eines Adpacks erwirbt man jeweils eine Anzeige, die 10.000 Mal eingeblendet und erst nach garantierten einhundert Klicks inaktiv wird. Das heißt, eine Investition in 400 Packs bringt garantierte 40.000 Besucher auf die Internetseite Ihrer Wahl. Das verbessert das Ranking in den Suchmaschinen und stellt ein enormes Potential für weitere Einnahmen dar. Die Firma OneVision Holding AG bewirbt dies mit „Werbung, die nichts kostet". Alle, die keine eigene Internetseite haben, können die Besucher auf andere Seiten leiten und dort bei Käufen eine Provision verdienen.Ein solch unabhängiges Einkommen erleichtert das Leben in einem anderen Land ungemein. Es entfällt der Zwang sofort eine Arbeit zu finden; die Wahl des künftigen Wohnorts ist einfacher, da nicht vom Arbeitsmarkt abhängig; der Druck die Sprache kurzfristig zu beherrschen entfällt und man wird nicht in die lokale Bürokratie gezwungen. Das gibt Zeit für alles was einem wirklich wichtig ist und eröffnet weitere Möglichkeiten zur beruflichen bzw. geschäftlichen Entfaltung. Ein paar Monate persönlicher Einsatz und die Welt erscheint in einem ganz anderen Licht.

Sicherung des Einkommens als Rentner bzw. Pensionär

Die Finanzkrise wird zu Kürzungen Ihrer Rentenleistungen führenSchon seit Jahren steigt die Zahl der Ruheständler, deren (magere) Rente zum Leben nicht reicht. Ein geringes Einkommen während der Berufstätigkeit, beitragsfreie Zeiten im Arbeitsleben (speziell die Erziehungszeiten bei Frauen) oder auch Jahre als Selbständiger können dazu führen, dass die Rente deutlich niedriger als erwartet und benötigt ausfällt. Deshalb sind tausende auf zusätzliche Einnahmen angewiesen und führen verschiedene (Neben)Jobs aus. Sichern Sie Ihre Rente durch Zusatzverdienste und bessern Sie diese aufRente-schrumpft Grundsätzlich bietet jeder dazuverdiente Euro mehr Sicherheit für kommende schwere Zeiten. Vor allem Rentnern verfügen über zahllose Möglichkeiten, die Rente aufzubessern und sich gegen finanzielle Nöte abzusichern. Zeitliche Flexibilität, eine große Lebens- und Berufserfahrung und fachliche Qualifikationen bedeuten gerade für Rentner, sich mit der Investition von etwas Zeit und zuverlässiger Leistung relativ leicht eine Arbeit suchen zu können, die von der Rente ein Stück weit unabhängig macht. Jeder Rentner darf einen Nebenjob ausüben Mit Erreichen des gesetzlichen Rentenalters von 65 Jahren darf man sogar unbegrenzte Zusatzeinkünfte aus beruflichen Tätigkeiten haben, wobei der Nettolohn dabei höher ausfällt als bei regulären Erwerbstätigen. Rentner zahlen nämlich für ihre Zusatzeinkünfte keine Abzüge für Arbeitslosen- oder Rentenversicherung, lediglich Steuern fallen an. Die Höhe der Rente ist von diesen Zusatzverdiensten nicht betroffen. Frührentner müssen da vorsichtiger sein: Einen 450-Euro-Job darf jeder Rentner auch im Alter unter 65 Jahren ausüben, ein Mal im Jahr dürfen bis zu 900 Euro hinzu verdient werden. Doch bei einem zu hohen Mehrverdienst kann es sein, dass Frührentner teilweise bis ganz den Anspruch auf ihre Rente verlieren. Schon geringe Zusatzverdienste reichen daher manchmal, über eine gewisse Lohngrenze zu kommen und so drastische Kürzungen hinnehmen zu müssen. Insofern ist es höchst ratsam, den Job bei der Rentenkasse zu melden und sich vorab bei allen Tätigkeiten, die ein höheres Einkommen als 450 Euro bescheren, zu informieren, welche Einkommensgrenzen jeweils greifen. Diese richten sich nach dem früheren Einkommen und werden für jeden Fall gesondert ermittelt. Dieses Beratungsangebot sollte auf jeden Fall genutzt werden, andernfalls können massive und nicht vorhersehbare

Einkommenseinbußen auftreten. Stellenangebote finden Sie zum Beispiel …... in Tages- und Wochenzeitungen und auch das Internet bietet vielfältige Möglichkeiten, einen Zusatzjob zu ergattern. Zudem bieten immer mehr Firmen aufgrund von Nachwuchsproblemen besonders für ehemalige Führungskräfte und Experten Möglichkeiten zur weiteren Zusammenarbeit nach der Pensionierung. Gerade zeitlich sehr flexible Rentner finden hier gute Chancen, einen gutbezahlten Job auf Teilzeit- oder gar Vollzeitbasis zu finden. Doch auch ohne Top-Qualifikationen stehen viele Wege offen: wer einen Führerschein hat, kann etwa Essen ausfahren oder Personentransporte für Vereine oder karitative Institutionen

unternehmen.
Hausmeistertätigkeiten oder kleine Reparaturen werden immer gebraucht, auch Tätigkeiten als Betreuer für Kinder, Tiere, Häuser oder Gärten bieten sich für ältere Menschen an.Die Optionen sind vielfältig und man muss nur die Augen offen halten, um eine geeignete Möglichkeit für sich zu finden, etwas zu seiner Rente hinzu zu verdienen. Gerade das Internet hat einen Raum geschaffen, in dem unzählige Tätigkeiten angeboten und abgerufen werden können. Seiten wie der Internetauftritt der Agentur für Arbeit oder www.nebenjob.de sind hier die bekannteren Angebote. Für jede Stadt gibt es mittlerweile aber auch lokale Jobbörsen, die einem die Suche erleichtern. Portale wie

rentner-boerse.de sprechen gezielt die älteren Arbeitssuchenden an. Letztendlich ist auch das aktive Anbieten der eigenen Arbeitskraft ein guter Ansatz, einen Job zu finden: wer seine Fähigkeiten und Dienste per Aushängen in Supermärkten oder anderen Einrichtungen anbietet, sollte schnell auf sich aufmerksam machen und eine Tätigkeit finden können. Konkrete Jobmöglichkeiten finden sich beim Durchblicken der Kleinanzeigen en masse:Helfer für Tankstellen und Waschanlagen werden gesucht (sieben bis acht Euro pro Stunde), für Frühaufsteher eignet sich ein Frühstücksservice per PKW (ab sieben Euro die Stunde.) oder das Liefern von Zeitungen, für Nachtaktive Jobs bei

Wachunternehmen oder als Nachtportier in Kranken- oder Gästehäusern (ab 5,50 Euro pro Stunde plus Schichtzulage).
Mit Hausmeistertätigkeiten lassen sich zwischen fünf und zehn Euro pro Stunde verdienen, Inventurhelfer werden eigentlich immer gesucht (sieben bis neun Euro pro Stunde), ähnliches gilt für Beaufsichtigungen von Uni-Prüfungen. Marketing- und Meinungsforschungsunternehmen sind eine weitere Branche, wo ständig Telefonisten für Umfragen gebraucht werden (zwischen acht bis achtzehn Euro pro Stunde), selbiges gilt für Bürohilfen aller Art, hier je nach Grundqualifikation mit hervorragenden Lohnmöglichkeiten.

Kurierfahrten für Medikamente oder kleine Personentransporte sind mit acht Euro und mehr ebenfalls relativ gut bezahlt. Für die direkte Umgebung empfehlen sich Jobs wie Ferienbetreuung von Haustieren, Babysitting oder Gartenpflege (zwischen fünf und zehn Euro pro Stunde).Und wer sich gut in seiner Heimatstadt auskennt, sollte bei den verschiedenen Stellen für Tourismus anfragen, ob nicht noch Stadt- oder Museumsführer gebraucht werden – hier sind die Verdienstmöglichkeiten besonders gut: Zwanzig Euro und mehr werden hier pro Stunde gezahlt. Spezielle Kenntnisse, z.B. in Fremdsprachen oder Kunsthandwerk, können eine Anstellung beispielsweise bei der

Volkshochschule interessant machen. Für manche Jobs ist eine kurze Schulung nötig, die oft von der IHK übernommen wird; auch ein Führerschein ist sehr hilfreich bei vielen dieser Tätigkeiten.
Vorschläge für Nebenjob-Möglichkeiten:

BEFÖRDERUNG UND LIEFERDIENSTE:

Taxifahrer: fester Stundenlohn plus Trinkgeld oder 40 % bis 45 % Umsatzbeteiligung.
Voraussetzung: Führerschein Klasse B (3), Personenbeförderungsschein, gutes Sehvermögen, Attest vom Arbeitsmediziner.
Pizza-Fahrer: 3 bis 6 Euro/Std. plus Trinkgeld.
Voraussetzung: Führerschein.
Fahrer für Autohäuser: oft 8 bis 10

Euro/Std.
Voraussetzung: gute Deutschkenntnisse, Führerschein
Auslieferungsfahrer: 6 bis 15 Euro/Std.
Voraussetzung: Führerschein, Kundenorientierung, zum Teil eigener Pkw.
Fahrzeug-Überführer: pauschal 50 bis 75 Euro pro Fahrt.
Voraussetzung: Führerschein.
Mithilfe bei der Essenausgabe: 6 bis 8 Euro/Std.
Essen auf Rädern: 7 bis 10 Euro/Std.
Voraussetzung: freundliches Auftreten, Führerschein
Begleitservice bei Arztbesuchen: 7 bis 9 Euro/Std.
Voraussetzung: freundliches Auftreten, Führerschein.
Botengänge für Geschäfte und

Behörden (z. B. Zustellung von Schreiben, Rechnungen, Medikamenten etc.): 6 bis 8 Euro/Std.
Voraussetzung: Führerschein, Zuverlässigkeit.
Rundfunkgebühren-Kontrolleur: erfolgsbezogen, u. a. Provision für neu angemeldete Teilnehmer.
Voraussetzung: freundliches, gepflegtes Auftreten, eigenes Auto.
Kurierfahrer für Apothekengroßhandel (Zulieferung für Apotheken): ab 8 Euro/Std.
Voraussetzungen: eigener Pkw, Führerschein.
Frühstücksservice: ab 7 Euro/Std.
Voraussetzungen: Führerschein, eigener Pkw.
Zeitungen austragen: ab 5 Euro/Std.
Voraussetzung: eigener Pkw,

Führerschein, körperliche Fitness, Fahrrad.

Chauffeurdienste: 9 – 14 Euro/Std. Voraussetzung: Zuverlässigkeit, Führerschein, Personenbeförderungsschein, Fahrsicherheitstraining.

DIENSTLEISTUNGEN:

Objektbesichtiger/Immobilienfotograf: 10 bis 15 Euro pro Objekt (Aufwand 30 Minuten), Fahrtkosten.

Vorraussetzung: Digitalkamera, Zuverlässigkeit, Pkw

Finanz- und Versicherungsberater: 1 % bis 15 % Provision auf abgeschlossene Verträge.

Vorraussetzung: Markt- und Produktkenntnisse, eigener PKW, Kontaktfreude, sicheres Auftreten.

Energieberater: 30 bis 70 Euro/Std.

Vorraussetzung: z. B. Elektriker, Techniker, Ingenieure mit Zusatzausbildung und Laptop.

Daten- und Adresserfassung am PC: Bezahlung je erfasstem Datensatz, je nach Schnelligkeit 3 bis 8 Euro/Std..

Vorraussetzung: 10-Finger-Schreibsystem, Kenntnis der gängigen Office-Programme.

Kosmetikberaterin: 6 bis 9/Std.

Voraussetzung: gepflegtes, gutes Aussehen, Produktkenntnis.

Parkplatzanweiser: ca. 7 Euro/Std.

Voraussetzung: Wetterfestigkeit, Organisationstalent, Freundlichkeit.

Vorlesen für bettlägerige Patienten: 6 bis 9 Euro/Std.

Voraussetzung: freundliches Auftreten.

Pflegehilfskraft: 7 bis 9 Euro/Std. je nach Qualifikation.

Behördenhilfe für ältere Menschen: 7 bis 10 Euro/Std.

Strom- oder Heizungsableser: nach Zahl der Aufträge plus Kilometergeld.

Voraussetzung: Gefühl für Technik, freundliches Auftreten.

Putzhilfe: 5 bis 8 Euro/Std.

Voraussetzung: Einsatzbereitschaft, Zuverlässigkeit, Gründlichkeit.

Spielhallenaufsicht: 6 bis 8 Euro/Std.. plus Zuschläge für Nacht, Sonn- und Feiertag.

PC-Doktor: 15 bis 30 Euro/ Std.

Voraussetzung: gute Computer-Kenntnisse aktueller Hard- und Software.

Büglerin oder Bügler: 5 bis 8 Euro/Std..

Voraussetzungen: Gründlichkeit, Genauigkeit, Schnelligkeit.

Brief-/Paketsortierer: 5 bis 10

Euro/Std.
Voraussetzungen: schnelles, gewissenhaftes Arbeiten.
Einfache Wachdiensttätigkeiten: ab 5,50 Euro/Std. (plus Schichtzulage)
Voraussetzung: eintragungsfreies Führungszeugnis, Sachkundeausbildung (3 Wochen, Prüfung vor IHK).
Außendienstler, Kundenbetreuer: 20 bis 30 Euro Std., oft provisionsabhängig.
Voraussetzung: Reise- und Kontaktfreudigkeit, Dienstleistungsmentalität.
Plakat-Verteiler: 3 bis 5 Euro pro Plakat oder 5 bis 7 Euro Std. plus Fahrtkosten.
Voraussetzung: gute Ortskenntnis, sympathisches Auftreten, Organisationstalent.

HANDWERKLICHES:

Strickerin: 50 % bis 100 % vom Materialwert.
Voraussetzung: perfekter Umgang mit Wolle, Stricknadel, Strickmaschine.
Hausmeister: 5-10 Euro/Std.
Voraussetzung: handwerkliche Begabung.
Renovierungshelfer: ab 10 Euro/Std.
Voraussetzung: handwerkliche Ausbildung.

MARKETING UND MEINUNGSFORSCHUNG:

Interviewer für Fahrgasterhebungen im Nahverkehr: 8 bis 9,50 Euro/Std.
Voraussetzung: gepflegtes Auftreten, gute Umgangsformen, gute Deutschkenntnisse, Kontaktfreudigkeit.

Callcenteragent: 8 bis 18 Euro brutto/Std.
Voraussetzung: technisches Verständnis, Produktkenntnis, Spaß am Umgang mit Menschen.
Online-Marktforscher: pro abgeschlossener Befragung Gutschrift von 75 Cent bis 7 Euro, Auszahlung per Einkaufsgutschein.
Voraussetzungen: Computer, Internet-Zugang.
Testkäufer: 10 bis 15 Euro pro Auftrag.
Voraussetzung: Aufgeschlossenheit, gute Auffassungsgabe.
Probeleser-Kontaktierer: 10 bis 20 Euro/Std. je nach Zahl gewonnener Probeleser.
Voraussetzung: Kontaktfreude, selbstsicheres und gepflegtes Auftreten, gute Umgangsformen.

GASTRONOMIE UND HANDEL:

Servicekraft: 6 bis 10 Euro/Std.
Voraussetzung: gepflegt, freundlich, Gastronomiekenntnisse, Führerschein und Pkw von Vorteil.
Imbiss-Hilfe: 5 bis 10 Euro/Std.
Voraussetzung: Schnelligkeit, Verkaufstalent.
Portier/Pförtner: 4 bis 8 Euro/Std.
Voraussetzung: evtl. Fremdsprachenkenntnisse
Ferienwohnungs-Reiniger: 6 bis 8 Euro pro Stunde.
Voraussetzung: selbstständig, sorgfältig.
Büfettkraft: 5 bis 8 Euro/Std.
Voraussetzung: freundliches Auftreten.
Waschraumbetreuer: 4 bis 7 Euro/Std.
Voraussetzung: keine.

Kassierer: 4 bis 8 Euro/Std.
Voraussetzung: Zuverlässigkeit und Ehrlichkeit, gutes Zahlengedächtnis, gepflegtes Erscheinungsbild.
Regalauffüller: 5 bis 8 Euro/Std.
Voraussetzung: Belastbarkeit.
Parkplatzreiniger für Großmärkte: 5 bis 7 Euro/Std..
Voraussetzung: ordentlich, selbstständige Arbeitsweise, Führerschein, eigener Pkw.
Inventurhelfer: 6 bis 12 Euro/Std.
Voraussetzung: gute Deutsch- und PC-Kenntnisse, evtl. Führerschein und eigener Pkw.

SONSTIGES:
Nachhilfelehrer: 8 bis 15 Euro für 45 Minuten, evtl. Anfahrtspauschale.
Voraussetzung: Gute Fachkenntnisse.

Reise-Vorträge halten: 30 bis 100 Euro pro Dia- oder Video-Vortrag.
Voraussetzung: Wortgewandtheit, Foto-Talent, Kulturinteresse.
Proband für medizinische Studien: 75 bis 150 Euro pro Tag.
Voraussetzung: beste Gesundheit.
Verkehrszähler: z. B. 7 Euro/Std.
Voraussetzung: ganztägige Verfügbarkeit.
Ersatz-Oma/-Opa: 5 bis 15 Euro/Std.
Voraussetzung: ideenreich, vertrauenswürdig, kinderfreundlich, gepflegtes Äußeres.
Garderoben-Mithilfe im Theater bei Abendveranstaltungen etc.: ab 7 Euro/Std.
Prüfungsbeaufsichtigungen an der Uni: ab 5,50 Euro/Std.
Bücherausgabe und -annahme in Bibliotheken: ab 5,50 Euro/Std.

Aufsichtskraft im Museum: ab 5,50 Euro/Std.
Voraussetzung: eintragsfreies Führungszeugnis.
Winterdienst-Helfer: 50 Euro Monat für Rufbereitschaft plus 70 Euro pro Einsatz (5-6 Stunden). Dazu: 200 Euro Bonus nach dem Winter.
Voraussetzung: Handy-Erreichbarkeit, körperlich fit.

Ein zusätzliches finanzielles Standbein ist besonders in Krisenzeiten sprichwörtlich Gold wert

Jeder zusätzlich verdiente Euro hilft Reserven anzulegen und gleicht andere zurückgehende Bereiche ausSind Sie diesbezüglich bereits aktiv? Darf ich Ihnen hierzu einen konkreten Tipp geben?
Sie können mit einer eigenen

Internetseite und dem richtigen Wissen bereits nach wenigen Wochen die ersten Euros dazu verdienen. Dafür brauchen Sie weder spezielle Vorkenntnisse noch viel Geld, sondern nur etwas Zeit und Muße und eine Portion Unternehmergeist. Das Internet revolutioniert die Wirtschaft und bietet – wie in jeder neue Epoche – schier unbegrenzte Möglichkeiten. Sie sollten sich davon eine Scheibe abschneiden. Bild Online.de beschreibt einige Beispiele, lesen Sie hier:Ich empfehle die Firma OneVisionLesen Sie dazu meinen Artikel, den ich unter dem Gesichtspunkt einer möglichen Auswanderung geschrieben habe. Sie können das natürlich auch ntuzen, wenn Sie in Deutschland bleiben. hier können Sie entweder

Gelder mit einer guten Rendite anlegen oder selbst aktiv werden und binnen weniger Monate ein gutes Zusatzeinkommen aufbauen.

Gold, Silber sowie Bargeld absolut sicher verstecken

Es wird immer wichtiger, sich Gedanken zu machen wie man seine Werte vor dem Zugriff anderer sicher verwahrt. Bedroht werden diese natürlich durch Einbrecher und Diebe. Speziell in Orten, die sich an Autobahnen befinden und somit Diebesbanden eine schnelle Flucht ermöglichen, ist Gefahr von Wohnungseinbrüchen sehr hoch. Sollte dies geschehen, ist die Hoffnung etwas zurück zu bekommen bei einer polizeilichen Aufklärungsquote von höchstens 3 % selbst in Vorkrisenzeiten nicht sonderlich hoch. Die nächste Gefahr für Ihre Barwerte besteht seitens des Staates, der möglicherweise den Besitz von Gold und Silber sowie Bargeld limitiert oder gar völlig verbietet. Es ist durchaus denkbar, dass ein Edelmetallverbot auch bei uns erlassen wird und dabei das wertvolle Edelmetall seitens des Staates gegen wertloses Papiergeld eingetauscht wird. Als Edelmetallbesitzer sollten Sie zudem die Möglichkeit eines Brandes nicht gänzlich aus den Augen verlieren. Das ist zwar selten, aber ein Feuer würde reichen, um Ihren Schatz zu vernichten. Daher besteht Ihre Aufgabe darin, die gebunkerten Schätze rechtzeitig entsprechend zu schützen. Der Goldreporter hat sich diesem Thema gewidmet und in Zusammenarbeit mit erfahrenen Experten den Report „Gold vergraben, aber richtig" verfasst und herausgegeben. SR-8 Cover Goldreporter Gold vergraben Darin wird eine Vorgehensweise beschrieben, mit der Sie Ihre Edelmetalle absolut sicher vergraben und niemand die Chance hat, diese jemals zu entdecken. Voraussetzung dafür ist, dass Sie über ein eigenes Grundstück verfügen. Der Kostenaufwand ist überschaubar und die benötigten Gerätschaften können Sie im Baumarkt ausleihen. Die Arbeiten sind sehr einfach, können von jedem etwas handwerklich Begabten erledigt werden und binnen zwei Stunden komplett erledigt werden. Danach können

Sie im wahrsten Sinne des Wortes Gras darüber wachsen lassen und nach wenigen Monaten sind die Werte absolut sicher.Dies beantwortet die häufig an uns herangetragene Frage, wie man Edelmetalle unter eigener Obhut sicher versteckt. Nach dem Studium dieses Ratgebers kann ich Ihnen besten Gewissens sagen, dass Sie dort die Antworten auf diese wichtige Frage finden. Sogar die Suche mit einem Metalldetektor wird es nicht ermöglichen Ihr Versteck ausfindig zu machen. Der Report kostet 19,95 Euro, angesichts des hohen Nutzens ein irrelevanter Betrag für das wertvollste Wissen, um Ihren wichtigsten Schatz für alle Zeit zu sichern. Sie müssen nur darauf achten, dass Sie dieses Versteck

unbedingt notieren und diese Info verlässlich irgendwo deponieren. Denn sollte Ihnen etwas zustoßen oder Sie das Versteck vergessen, gibt es auch für Freunde und Familienangehörige wie oben erwähnt im Grunde keine Chance Ihre Werte wieder zu finden.
Legen Sie einen Bargeldvorrat für den Krisenfall an Banken Schließungen und Ausfälle des bargeldlosen Zahlungsverkehrs sind binnen kürzester Zeit möglich Vor sieben Jahren gab es mit der Pleite der Weserbank auch in Deutschland einen ersten solchen Fall. Kunden des kleinen Bremerhavener Instituts standen vor verrammelten Türen und kamen nicht an ihr Geld. Wenn die nächsten größeren Erschütterungen die Finanzmärkte

treffen, gibt es keinerlei Gewähr, dass nicht auch größere deutsche Institute „Bankfeiertage" von ungewisser Dauer ausrufen.
Im Falle der Weserbank funktionierten die EC- und Kreditkarten nicht mehr und die Sparer mussten sage und schreibe knapp zwei Monate warten, bis sie wieder an ihr Geld kamen. Wenn bereits eine solche kleine Erschütterung die Bankkunden vor solch eine lange Nagelprobe stellt, ist es nur logisch, den Mindestzeitraum, für den ein Bargeldvorrat reichen sollte, großzügig anzusetzen. Legen Sie für solche Fälle einen Bargeldvorrat für mindestens eine bis idealerweise drei Monatsausgaben an.Erstellen Sie dafür eine Liste, in der Sie alle monatlichen Ausgaben (Miete,

Nebenkosten, Kfz-Kosten, Nahrungsmittel, laufende Beiträge, Darlehensraten, Taschengeld etc.) erfassen. Diesen Betrag sollten Sie dann für ein bis drei Monate in bar vorrätig halten. Holen Sie das Geld in kleinen Scheinen von der Bank und deponieren Sie es Zuhause in einem sicheren Versteck.
Teilen Sie diese Bargeldreserve folgendermaßen auf: Ein Drittel in bundesdeutschen 10-Euro Silbermünzen (Nur die Münzen bis Februar 2011, die danach erscheinenden regulären 10-Euro Münzen bestehen nur aus einer Kupfer-Nickel-Legierung), ein Drittel in kleinen Euroscheinen und das letzte Drittel in einer Fremdwährung wie Schweizer Franken oder Norwegische Kronen.Der Euro ist zunächst das

bekannte Zahlungsmittel, wird aber wahrscheinlich bald darauf massive Probleme haben (starke Abwertung, Auflösung, Ausscheren einiger Länder etc.) und daher ist fraglich, wie sich sein Wert entwickelt. Verglichen dazu scheinen der Schweizer Franken, die Norwegische Krone und ggf. der Kanadische Dollar krisensichere Währungen zu sein. Beim Letzten sprechen allerdings die wiederkehrenden Gerüchte von einer Nordamerikanischen Währungsunion mit einem neuen „Amero" dagegen. Was muss man bei den Euroscheinen beachten? Gibt es Unterschiede? Ja es gibt Unterschiede, man könnte salopp sagen, es gibt „gutes" und „schlechtes" Eurobargeld. Der Autor Bruno Bandulet schreibt in seinem Buch „Das geheime Wissen der Goldanleger", dass bei der Einführung des Euro quasi eine Sollbruchstelle im Falle des Scheiterns der Währungsunion eingebaut wurde. Im Falle des Zerbrechens der Europäischen Währungsunion in einer schweren Krise werden die einzelnen Länder wieder eine eigene Währung einführen.Jedes Euromitglied gibt Banknoten mit „eigenen Buchstaben" aus Alle Eurobanknoten tragen eine Seriennummer mit einem Buchstabe davor. Dieser sagt aus, welche nationale Notenbank sie ausgegeben hat. Scheine, deren Nummer mit dem Buchstaben X beginnt, sind bundesdeutsche Banknoten. Es ist anzunehmen, dass deutsche Geldscheine trotz aller Strukturprobleme und Schulden höher bewertet werden als die der anderen Länder. Lassen Sie sich hier also ausnahmsweise ein X für ein U vormachen, in diesem Fall kann es wertvoll sein. Die weiteren „sicheren" Euroscheine sind: L = Finnland; P = Niederlande; N = Österreich. Die Kennzeichen der anderen Länder lauten: M = Portugal, R = Luxemburg, S = Italien, T = Irland, U = Frankreich, V = Spanien, Y = Griechenland und Z = Belgien. Sichere Aufbewahrung von Bargeld Diebstahl, die Brandgefahr und das Wasser der Feuerwehr beim Löschen sind ernsthafte Gefahren für den Bargeldvorrat. Deshalb sollte man bei den Verstecken für das Bargeld darauf achten, dass Diebe diese Verstecke nicht leicht finden und sie entsprechend geschützt sind.

Feuerfeste Dokumentenkassette
Hierfür eignen sich feuerfeste Geldkassetten, die im Brandfall Temperaturen für circa eine halbe Stunden von bis über 800 Grad Celsius standhalten. Diese schützen neben dem Bargeld auch DVDs, Dokumente, Edelmetalle usw. Darauf sollte jeder Haushalt achten, denn ansonsten werden bei einem Brand wertvolle Unterlagen vernichtet.Vor einigen Jahren habe ich die deutschen 10-Euro Silbergedenkmünzen empfohlen, doch diese bestehen seit Mai 2011 nur noch aus einer Kupfer-Nickel-LegierungBis Februar 2011 waren die 10-Euro Münzen der Deutschen Bundesbank die erste Wahl für den Bargeldvorrat. Leider

werden diese Münzen ab dem Motiv „125 Jahre Automobil" im Mai 2011 regulär nur noch als Kupfer-Nickel-Legierung ausgegeben. Es gibt zwar weiterhin eine Silberversion, doch die wird von der Bundesbank nur zum jeweiligen Silbertagespreis plus Aufschlag von Zehn Euro plus Mehrwertsteuer ausgegeben. Daher sind diese Münzen leider uninteressant.

Tipp: Sollten Sie über Ihre Bank oder über irgendeine andere Quelle noch 10-Euro Gedenkmünzen aus den Jahren 2002 bis 2010 (925 Silbergehalt) oder die Münze vom Februar 2011 mit dem Motiv „200. Geburtstag Franz Liszt" (625er Silber) zum Nennwert oder mit einem nicht zu hohen Aufschlag bekommen, so sollten Sie sich diese

Gelegentheit nicht entgegen lassen. Diese Münzen sind für den Bargeldvorrat und als Tauschmittel im Notfall höchst interessant. Meine ursprüngliche Empfehlung lautete, idealer Weise die Hälfte des Eurobargelds in diesen 10-Euro Silbermünzen beiseitezulegen. Sie sind in der BRD nach wie vor ein offizielles Zahlungsmittel und enthalten 16 Gramm Silber (die 925er Münze von 2002 bis 2010) oder 10 g Silber (Münze „Franz Liszt").Das ist Bargeld mit innerem Wert. Diese begehrten Silberzehner bekam man früher bei jeder Bank im Tauschverhältnis von 1:1, also Zehn Euro für eine Münze. Im Krisenfall werden solche Münzen besser akzeptiert als vertrauensabhängiges Papiergeld von überschuldeten Staaten.

Manche Ratgeber gehen davon aus, dass man im Krisenfall eine Unze Silber benötigt, um eine vierköpfige Familie eine Woche lang zu ernähren. Diese Vorsorge erledigen Sie damit gleich nebenher. Als Ersatz für die 10-Euro Münze kann ich den Vorgänger, die 10-DM Münze mit 925 Silbergehalt empfehlen.

Besorgen Sie sich Notgeld, dass Ihnen in jeder Situation hilft

Wenn die Menschen die rapide abwertenden bedruckten Papierscheine nicht mehr annehmen, braucht man ein Tauschmittel mit innerem Wert, dass immer und überall akzeptiert wird. Hierfür eigenen sich Silbermünzen, aber auch 10 g Goldbarren im Scheckkartenformat als Notgeld. Das ist ein 10 g

Goldbarren mit Zertifikat, den man bequem in der Geldbörse tragen kann. Besonders für alle, die (viel) auf Reisen sind, ist dies eine Garantie, dass sie im Notfall überall durch- und wieder nach Hause kommen.

Bargeld mit innerem Wert – 10-Euro Silbermünzen

10-Euromünzen ohne Silber (Kupfer/Nickellegierung)
Meine nachfolgenden Empfehlungen beziehen sich auf die 10-Euromünzen mit einem Silbergehalt von 925, die im Zeitraum von 2002 bis 2010 herausgegeben wurden. Danach folgte im Februar noch die Münze „200. Geburtstag Franz Liszt" mit einem Silbergehalt von 625.

Seit der Ausgabe vom Mai 2011 mit

dem Motiv „125 Jahre Automobil" werden die bundesdeutschen 10-Euro-Münzen regulär nur noch als Kupfer-Nickel-Legierung ausgegeben. Zusätzlich wird parallel eine 625er Silberversion dieser Münze ausgegeben, die mit dem Aufdruck „625 er Silber" versehen ist.Diese wird aber mit einem Aufschlag von Zehn Euro plus Mehrwertsteuer zum amtlichen Tagespreis des Silbers nur sehr teuer ausgegeben. Das heißt, dass diese Münze mit reduziertem Silbergehalt dann circa 18 Euro kostet. Somit sind diese Münzen für die Krisenvorsorge uninteressant.Euromünzen mit innerem Wert und einer Wertgarantie Die Deutsche Bundesbank gab seit jeher in regelmäßigen Abständen

Sondermünzen mit einem hohen Silberanteil heraus. Bis zu Einführung des Euro waren es die Fünf- oder Zehn-DM Münzen und nach der Euroeinführung die 10-Euro Silbermünzen.Lesen Sie meinen Sonder-Report„Warum ein XXl-Crash droht und wie Sie sich schützen können"Sie sind in der Bundesrepublik Deutschland ein gesetzliches Zahlungsmittel. Das bedeutet, dass man damit in Deutschland jegliche Zahlungsverpflichtung damit erfüllen und damit praktisch überall bezahlen kann. Versucht man dies jedoch in der Praxis, entsteht meist Erklärungsbedarf, da die meisten Mitbürger diese Münzen nicht kennen.Aufgrund der Tatsache, dass die 10-Euro Münzen immer Zehn Euro wert sind und jederzeit bei Banken eingetauscht werden können, stellen diese Münzen eine einzigartige Sicherheit dar: Sollte der Silberpreis entgegen aller Erwartungen stark fallen, greift der Nennwert von Zehn Euro. Das bietet keine andere Edelmetallmünze. Wie bekommt man die 10-Euro Silbermünzen? Bis zum Ende der Ausgabezeit im Jahre 2011 konnte man diese 10-Euro Münzen bei Banken und Sparkassen einfach gegen einen Papierzehner eintauschen. Leider gibt es das nun nicht mehr und man muss sie gegen einen Aufschlag anderweitig erwerben. Sie sollten das dennoch tun, denn diese Münzen werden im Krisenfall als Tauschmittel sehr wertvoll sein. Uns werden immer wieder solche Münzen angeboten, die wir dann in unseren Flohmarkt einstellen.

Ideal für den Bargeldvorrat

Warum sollte man sich diese Münzen zulegen? Weil Sie ideal sind für den Bargeldvorrat, zu dem ich Jedermann und -Frau dringend rate. Jede Person sollte einen Bargeldvorrat für ein bis drei Monatsausgaben zur Verfügung haben, vor allem für den Fall, dass die eigene Bank Pleite geht oder sogenannte Bankfeiertage ausgerufen werden. Dann zählt allein Bargeld. In einer solchen Phase steigt auch die Wahrscheinlichkeit einer Währungsumstellung, die wiederum sehr wahrscheinlich den Silberpreis in die Höhe treiben würde. Im Gegensatz zu den nur auf Vertrauen basierenden bedruckten Scheinen verfügt man

mit den Münzen über werthaltiges Edelmetall. Ich empfehle Ihnen, den Bargeldvorrat zu dritteln: Ein Drittel in kleinen Euroscheinen (inklusive ausreichend Münzen zu ein und zwei Euro), das nächste Drittel in diesen 10-Euro Silbermünzen (oder 10-DM Münzen) und das letzte Drittel in einer anderen Währung wie beispielsweise Schweizer Franken oder Norwegischen Kronen.
Der Silbergehalt wurde ab der ersten Ausgabe 2011 reduziert und die Münzen ab Mai 2011 bestehen nur noch aus einer Kupfer-Nickel-Legierung Alle 10-Euro Silbermünzen bis zum Jahr 2010 bestanden aus 925er Silber und das Gewicht betrug 18 Gramm. Aufgrund des steigenden Silberpreises hat die Deutsche

Bundesbank die Ausgabetermine der letzten beiden Münzen im November 2010 um knapp drei Wochen vorgezogen. Gleichzeitig wurde beschlossen, dass die künftigen Münzen ab dem Frühjahr 2011 aus 625 Silber bestehen sollten. Allerdings wurde dies aufgrund des steigenden Silberpreises wieder gekippt. Weitere Informationen zu den 10-Euro Silbermünzen Es gibt verschiedene Motive, welche allerdings keine wesentliche Rolle spielen. Einen Sammlerwert haben die Münzen nicht, weil die Auflagen mit jeweils ein bis drei Millionen Stück10-Euromünzen „200. Geburtstag Franz Liszt" aus 625 Silber (Originalrolle)dafür zu hoch sind. Die 10-Euro Silbermünze „200. Geburtstag

Franz Liszt" besteht aus 625er Silber. Bei einem Gewicht von 16 Gramm enthält somit jede Münze zehn Gramm Silber. Somit kann man von „Bargeld mit innerem Wert" sprechen. Leider sind diese Münzen mittlerweile weitgehend vergriffen.

Wichtiger Hinweis:
Melden Sie sich hier für die Übersicht aller 10-Euro Münzen bis 2010 an, um ein PDF mit allen jemals erschienen 10-Euro Münzen herunterladen. Damit verfügen Sie über alle Informationen, um den Tauschwert im Krisenfall selbst eindeutig einschätzen und anderen darlegen zu können. Testen Sie damit unseren Newsletter, der Sie über die wichtigsten und spannendsten Entwicklungen up to Date hält und jederzeit per

Mausklick kündbar ist.Einmal wurden aufgrund des explodierenden Silberpreises bereits geprägte Münzen wieder eingezogen

Im Jahr 1979, als der Silberpreis unter anderem durch die Spekulation der Hunt-Brüder auf 50 US-Dollar anstieg, wurden bereits geprägte Münzen nicht herausgegeben. Zitat Spiegel (Ausgabe 44/1979):
„Zwei Tage vor dem vorgesehenen Ausgabetermin, am Montag vergangener Woche, hatte das Bundesfinanzministerium beschlossen, die neue Silber-Gedenkmünze nicht auszuliefern. Die Fünfmarkstücke zu Ehren des Atomforschers Otto Hahn bleiben vorerst in den Filialen der Deutschen Bundesbank liegen. Die

Bonner konnten wohl nicht anders. Denn die neue Münze ist – wegen der Preisexplosion am Silbermarkt – längst mehr wert als fünf Mark. Sie zum Nennwert abzugeben, hieße Geld verschenken".Wie kann man in der jetzigen Zeit die Ersparnisse sichern?

Raus aus Papieranlagen – rein in Sachwerte

Mancher mag hier direkt einwenden, dass diese Umschichtung in der jetzigen Situation gar nicht so leicht umzusetzen ist. Das stimmt tatsächlich. Bei genauer Betrachtung fallen in Krisenzeiten einige populäre Anlageformen durch das Raster und es gestaltet sich schwierig, die Richtigen ausfindig zu machen. Wir filtern an dieser Stelle ein wenig:

Welche Sachwerte gibt es?
Edelmetalle: Sind hier sicher die Nummer 1 und dürfen in keiner Krisenvorsorge fehlen. Allerdings empfiehlt es sich, nicht alles auf eine Karte zu setzen und nur Gold und Silber zu kaufen. Meine Empfehlung lautet: etwa 30 bis 50 Prozent des verfügbaren Vermögens in Edelmetalle anzulegen, aufgeteilt in ein Drittel Gold und zwei Drittel Silber. Immobilien: Sind aus mehreren Gründen nicht zu empfehlen. Die Gefahr eines staatlichen Zugriffs mittels Zwangshypothek, wie nach dem Zweiten Weltkrieg geschehen, ist längst nicht mehr auszuschließen. Der Staat verdient selbst kein Geld und muss sich immer wieder refinanzieren. Immobilien sind, wie der Name

sagt, nicht mobil und somit können die Eigentümer diese Werte dem Zugriff des Staates nicht entziehen. Die Datenerhebung durch Befragungen (zuletzt Zensus 2011) liefert den Behörden die Grundlage für solch eine Maßnahme. Es könnte passieren, dass der Staat auf jede Immobilie und jedes Grundstück eine Hypothek einträgt, die der Eigentümer danach abtragen muss. Egal ob das Haus abbezahlt ist oder nicht.Darüber hinaus droht seitens der überschuldeten Kommunen die Gefahr, dass diese ihre Einnahmen durch Anhebung von Gebühren und Abgaben erhöhen wollen und die Immobilieneigentümer belasten. Potentielle Mehrausgaben können durch staatliche Auflagen für die Wärmedämmung oder andere

verpflichtende Sanierungsmaßnahmen aufkommen. Im Falle eines wirtschaftlichen Einbruchs häufen sich Mietausfälle und Schäden durch Mietnomaden. Daher sind Immobilien mit Vorsicht zu genießen. Als Ausnahmen könnte man Immobilien betrachten, die schuldenfrei zum Selbstbezug erworben werden oder landwirtschaftliche Flächen und Wälder. Eine gute Möglichkeit sind zudem Hobbyräume, die sich als externe Lager eignen.
Diamanten, Kunst, Oldtimer, Schmuck etc.: Diese Anlagemöglichkeiten sind keine krisentauglichen Wertspeicher, da sie eher der Liebhaberei zuzuordnen sind keinen konkreten und stabilen Wert ausweisen.

Aktien: Diese sind Sachwerte, da es sich um eine Beteiligung an Unternehmen handelt. Aus meiner Sicht überwiegen allerdings bei den meisten Werten die Nachteile, da die Kurse zur Zeit sehr hoch sind und ein starker Einbruch jederzeit möglich ist – spätestens wenn die rückläufigen Tendenzen der Wirtschaft nicht mehr übertüncht werden können. Zudem werden bei stark verschuldeten Unternehmen (z.B. EON mit über 30 Mrd. Euro, Stand 2015) die Schulden mit der Aktie miterworben.

Dafür bietet sich eine weitgehend unbekannte Alternative an: Firmenbeteiligungen an etablierten und schuldenfreien Firmen: Grundsätzlich ist es bei Firmenbeteiligungen (Aktien) so, dass ca. 80 % der Gewinne vor dem Börsengang erzielt werden. Die Vermögenden nutzen damit einen Wissensvorsprung und vermehren auf diese Art ihr Geld. Dieser Weg ist den Meisten aufgrund fehlenden Wissens und mangelnder Möglichkeiten verschlossen.Es gibt jedoch die Möglichkeit – auch für Kleinanleger – sich über eine Anlegergemeinschaft an einem Verbund von ca. 50 deutschen Mittelstandsfirmen zu beteiligen. Diese Beteiligung besticht u. a. durch strenge Kriterien bei der Auswahl der Firmen. Diese müssen folgende Voraussetzungen erfüllen: Die Firmen sind absolut schuldenfrei, d. h. sie haben keine Bankverbindlichkeiten (Unabhängigkeit in der Krise) Sie verfügen über weltweite Patente

und sie sind in ihrem Markt erfolgreich tätig, es sind keine Startups (Risiko zu hoch)
Sie befolgen einen klaren Ethikkodex (Es kommen nur Firmen und Patente infrage, die zum Wohle der Menschen und Erde arbeiten)Es werden deutschen Firmen (Arbeitsplätze, Steuereinnahmen, usw.) gestärkt.
80 % der weltweiten Patente werden in Deutschland hervorgebracht, doch leider wird nur ein Bruchteil hier erfolgreich vermarktet, weil meist das Geld dafür fehlt.

Dinkel:
sichere und schmackhafte Grundversorgung

Der lange vergessene Dinkel wird immer beliebter. Angesichts seiner vielen Vorteile wundert die

Renaissance kaum. Vor allem der Vergleich mit unserem herkömmlichen Hauptnahrungs-Getreide Weizen rückt den Dinkel in ein sehr vorteilhaftes Licht. Da fragt man sich eher, wie das Supergetreide überhaupt in der Versenkung verschwinden konnte und warum sich die Gesellschaft einer weit weniger gesunden Alternative verschrieben hat. Was ist es wohl, das dem Menschen wichtiger als seine Gesundheit war?

Vorteile

Die Antwort auf diese Frage wissen Sie natürlich selbst: es sind das liebe Geld, die Umsätze, die Größenexpansion. Der Dinkel samt des „Ablegers" Grünkern geriet in Vergessenheit, als die Landwirtschaft industrialisiert wurde und funktionalökonomische Kriterien zum Maß aller Dinge wurden. Mit Weizen ließen sich die Erträge um bis zu 40 Prozent steigern und die Profite deutlich erhöhen. Es entfiel der beim Dinkel notwendige Arbeitsschritt der Entfernung der Spelz-Schale im sogenannten Gerbgang.Zudem spricht der Weizen gut auf Kunstdünger an, während sich der Dinkel von chemischen Düngemitteln nicht beeinflussen lässt. Im Prinzip ist das jedoch schon wiederum ein Punkt, der FÜR und nicht gegen Dinkel spricht, außer man macht sich Sorgen um die Umsätze der chemischen Industrie. Aus diesem Blickwinkel betrachtet, bietet der heutige, hochgezüchtete Weizen den Vorteil, ohne die Fungizide und andere „Pflanzenschutzmittel" teils gar nicht bis zur Ernte überleben zu können.Es überrascht hier kaum, dass vor allem Bio-Landwirte trotz des geringeren Ertrags und des höheren Arbeitsaufwands Vorteile sehen: Dinkel gilt als sehr robust und wetterbeständig und lässt sich auch auf kargen, steinigen Böden bis in ca. 1.000 Meter Höhe anbauen. Und selbst die Extra-Arbeit mit der Spelzhülle ist nicht nur ein Nachteil: sie schützt nämlich das Korn vor Schädlingen, Pilzen und allen möglichen Umwelteinflüssen und dürfte ein Hauptgrund für die Widerstandsfähigkeit sowie die hohe Nährstoffdichte dieses Getreides sein.Doch damit fangen die Vorteile erst richtig an: Dinkel gilt als äußerst verträglich und hat eine ausgleichende Wirkung auf die

Verdauung, anstatt sie zu belasten. Auch auf das Säure-Basen-Verhältnis im Körper wirkt sich Dinkel weit positiver aus als Weizen und andere Getreidesorten. Ein weiterer Vorteil ist das Fehlen eines Hauptnachteils des Weizens, nämlich des immer höheren Glutengehalts. Dieser führt neben der Hochzüchtung des Weizens allgemein bei immer mehr Menschen zu Weizen-Unverträglichkeit.Die genannten Vorteile gelten natürlich für jeweils vergleichbare Verarbeitungszustände des Getreidekorns. Optimalerweise sollte man bekanntermaßen bei jedem Getreide möglichst frisch vermahlenes Vollkornmehl verwenden, wenn man in den Genuss aller Mineralien und sonstigen Inhaltsstoffe gelangen möchte. Noch scheint Weißmehl zwar wegen der scheinbar „leichteren" Genießbarkeit und aufgrund mangelnder allgemeiner Informiertheit beliebter, erweist sich jedoch in immer mehr Studien und aufgrund der wachsenden schlechten Erfahrungen mit den Resultaten des langjährigen Verzehrs als durch und durch ungesund. Dennoch enthält selbst stark verarbeitetes Dinkel-Weißmehl immer noch mehr Mineralstoffe (u.a. Eisen und Magnesium) und Spurenelemente (u.a. Zink und Kupfer) als das herkömmliche Weizen-Weißmehl. Auch der Gehalt an Kieselsäure, die dem Körpergewebe Festigkeit und Elastizität verleiht und insbesondere Haut, Haare und

Nägel gesund hält, ist in Dinkel besonders hoch. Last but not least enthält Dinkel auch mehr Vitamine als der beste Weizen. Generell sieht es nicht nur in Sachen Quantität sondern auch in Sachen Qualität der Nährstoffe beim Dinkel besser aus.Die Vorteile des Dinkels werden mindestens so lange erhalten bleiben, wie dieses Wundergetreide nicht in ähnlicher Weise und in ähnlichen Größendimensionen wie der Weizen ausgeschlachtet wird.

Lagerung und Verzehr

Dinkel kann man entweder als mehr oder weniger „rohes" Korn (mehr dazu hier), als Mehl oder in Form verzehrfertiger Dinkelprodukte einlagern. Die ersten beiden Möglichkeiten sind zwar die gesündesten Varianten, da man sich so die Lebensmittel mit der höchsten Verfügbarkeit an Nährstoffen selber zubereiten kann, doch sie sind natürlich auch mit erheblichem Aufwand verbunden. In normalen Zeiten kann man dieses „back to the roots" als Gewinn an Lebensqualität betrachten, doch im Sinne der Krisenvorsorge gewinnen praktische Überlegungen wieder die Oberhand. Im Falle eingeschränkter Möglichkeiten zum keimen, kochen und backen, wie es bei Stromausfall und anderen Versorgungsengpässen der Fall wäre, kann es sogar sehr wichtig werden, dass die Lebensmittel schnell und ohne Aufwand verfügbar sind.Ein guter Kompromiss zwischen Grundnahrung und

Fertiglebensmitteln, der sowohl in Krisenzeiten als auch Nicht-Krisenzeiten funktioniert und über sehr lange Zeit (über 15 Jahre, vom Hersteller garantiert) hält, ist das Dinkel-Paket. Damit haben Sie die Getreide-Grundlage für bis zu mehreren Wochen Versorgung einer Familie mit Mahlzeiten und müssen sich über Rotationsprinzip und andere Bevorratungsstrategien keine Gedanken machen. Eine einmal geöffnete Dose ist dann noch 4-8 Wochen haltbar. Die extrem lange Haltbarkeit bei gleichzeitig hohem Nährstofferhalt erklärt den höheren Preis gegenüber normaler Dosennahrung, die i.d. R. nicht länger als zwei Jahre hält. Dinkelmehl, -Grieß, -Flocken, Dinkelsuppe und mehr. Damit lassen sich zur Not mit einem Campingkocher binnen weniger Minuten vollwertige Mahlzeiten zubereiten. Die Lagerung ist so problemlos wie nur irgend möglich – es braucht lediglich ein halbwegs trockenes und nicht zu warmes Plätzchen. Insekten oder Pilze und Bakterien können den Kunststoffbehältern auch über Jahre nichts anhaben. Näheres zu den Langzeitnahrungsmitteln und ihrer Aufbewahrung finden Sie hier.

Langzeitnahrungsmittel – der sichere Lebensmittelvorrat

Mit Langzeitnahrungsmitteln kann man einen Vorrat anlegen, bei dem sicher ist, dass er in einigen Jahren tatsächlich unversehrt zur Verfügung steht. Es handelt sich dabei um ausgewählte Nahrungsmitteln, die durch ein

schonendes Verfahren haltbar gemacht werden und somit eine Mindesthaltbarkeit von circa 15 Jahren erreichen.Die extrem lange Haltbarkeit wird dadurch erreicht, dass die Lebensmittel unter Vakuum und Schutzatmosphäre in Metalldosen abgepackt und dicht verschlossen werden. Die Vorteile dieser Nahrungsmittel sind:
Der geringe Platzbedarf
Die einfache Lagerung
Die schnelle und unkomplizierte Zubereitung.Durch die Verpackung in Dosen sind diese Lebensmittel problemlos in der Wohnung, im Keller und ähnlichen Räumlichkeiten lagerbar. Es besteht keine Gefahr durch Ungeziefer oder Feuchtigkeit. Durch die kompakten Maße lässt sich so auch in beengten

Räumlichkeiten ein umfangreicher Grundvorrat für einen langen Zeitraum anlegen.Es handelt sich hierbei um wohlschmeckende und abwechslungsreiche Gerichte. Man kann zwischen Gemüse-, Nudel- oder Reisgerichten ebenso wählen wie zwischen fleischhaltigen oder vegetarischen Speisen.Es gibt auch Brot in Dosen, entweder Vollkornbrot oder Pumpernickel, mit einer Haltbarkeit von weit über 10 Jahren.Diese Lebensmittel sind im Expeditionsbereich und beim Militär seit vielen Jahren im Einsatz und haben sich bestens bewährt. Sollte eine Dose angebrochen werden, kann man diese mit dem beiliegenden Kunststoffdeckel wieder verschließen und binnen acht Wochen verzehren.

Die wichtigsten Merkmale

dieses Sicherheitsvorrates sind:
Gefriertrocknung und Dehydrierung der Fertiggerichte / GrundnahrungsmittelDurch Abpacken unter Vakuum und Schutzatmosphäre (Stickstoff) extrem lange haltbar
Dicht verschlossene Metalldosen (lebensmittelzertifiziert)
Langjährige Erfahrung im Expeditions- und Trekkingbereich
Qualitativ hochwertige Zutaten
Kindgerecht und wohlschmeckend
Schnell zubereitet, kein Kochen (nur heißes Wasser dazugeben)
Problemlose Lagerung bei Zimmertemperatur oder im Keller
Alle Dosen haben Aufreißdeckel und sind mit beiliegendem Kunststoffdeckel verschließbar
Das seit Jahrzehnten weltweit im Zivilschutz eingesetzte BP-5 eignet

sich ideal für den Krisenvorrat, da es sehr kompakt und einfach lagerbar ist. Es handelt sich hierbei um einen gebackenen Weizenriegel, dem neben anderen wertvollen Inhaltsstoffen Vitamine und Nährstoffe beigesetzt wurden. Daher kann man sich wochenlang nur davon ernähren.

Beleuchtung in der Krise
Was tun Sie, wenn der Strom ausfällt?

Im Krisenfall wird es mit Sicherheit zu Stromausfällen kommen, egal ob eine Naturkatastrophe oder menschengemachte Ursachen wie Streiks, Sabotage, technische Defekte und Energieausfälle vorausgehen. Heutzutage haben viele Versorger die Wartungsarbeiten und Instandhaltungspflichten an

Subunternehmer ausgelagert. Niemand weiß, ob diese auch im Notfall zur Verfügung stehen und/oder ob bei Ausfällen rechtzeitig Ersatz gefunden werden kann.Schon im Normalfall ist nicht immer davon auszugehen, dass Störungen binnen Minuten oder wenigen Stunden behoben werden. Im Krisenfall gilt das noch viel weniger, besonders wenn die öffentliche Sicherheit gestört ist und im extremsten Fall Plünderer unterwegs sind. Kommt dann noch ungebetener Besuch ins Haus, hat man im Dunkeln tappend besonders schlechte Karten. Nicht nur deshalb ist es wichtig, dass Sie sich jetzt um eine unabhängige Beleuchtung kümmern. Hierfür kommenden folgende Leuchtmittel infrage:Hochwertige, mit Batterien betriebene Taschenlampen mit einer Reichweite von ca. siebzig Meter, die Sie in jeder Beziehung begeistern wird!Man braucht für den Notfall gute und hochwertige Lampen, die zuverlässig funktionieren und idealerweise (spritz)wassergeschützt sind. Sie müssen einige Stunden hell und weit leuchten, so dass man sich in jeglicher Situation den nötigen Überblick verschaffen kann. Das erfordert eine Reichweite von mindestens fünfzig Meter. Die billige „Funzel" aus dem Baumarkt wird diese Anforderungen sicher nicht erfüllen.Früher waren Taschenlampen mit einem Leistungsspektrum wie dem oben genannten ziemlich groß und nicht gerade handlich. Die hier abgebildete Taschenlampe entspricht dem neuesten Stand und bewährt sich in jeder Situation: ob man im Dunkeln gezielt das Gelänge absucht, verdächtige Geräusche hört, den Weg auskundschaftet, oder was auch immer. Mir macht diese Lampe bei meinen abendlichen Gassirunden mit meinem Hund viel Spaß, allein schon weil man ein erstklassiges Licht hat und weit sehen kann. Mit dieser Batterie-unabhängigen Kurbel-Taschenlampe tappen Sie nie im DunkelnMit dieser Taschenlampe hat man jederzeit Funktionstüchtigkeit garantiert, da man statt Batterien zu benötigen den Strom einfach bei Bedarf per Kurbel selbst erzeugt. Sollte der Akku leer sein, hat man bereits nach knapp einer Minute kurbeln wieder Licht für zehn Minuten.

Gerade wenn man unterwegs ist und keine Möglichkeit zum Aufladen oder Kauf von Batterien hat, sticht diese hochwertige Lampe hervor.Die unverzichtbaren Ausrüstungsgegenstände für Ihre persönliche Krisenvorsorge bekommen Sie hier.Auch hier mein Rat: Kaufen Sie keine Billiglampe aus dem Baumarkt, die nur ein bescheidenes Licht gibt und genau dann versagt, wenn es drauf ankommt. Sie sollten auch hier Wert auf Qualität legen und auf Lampen setzen, die nicht nur ausreichendes Licht geben, sondern auch nach hunderten von Ladevorgänge immer noch voll einsatzfähig sind. Mangelhafte Ausrüstung, auf die man sich fälschlich verlässt, ist im Krisenfall noch schlechter als gar keine

Ausrüstung.
Wie Sie bei Stromausfall einen Raum beleuchten
Um einen Raum auszuleuchten, ist eine normale Taschenlampe denkbar unzureichend, denn sie gibt kein breit gestreutes Licht ab. Im Campingbereich verwendet man dafür die praktischen Tischkurbel-Lampen. Solch eine Lampe, in der Größe einer Bierflasche, gibt ein gleichmäßiges (allerdings ebenfalls recht bescheidenes) Licht in alle Richtungen ab und beleuchtet so den Raum.Doch hier kann man die Helligkeit nach Bedarf stufenlos verstellen. Aufgrund der Tatsache, dass man mit einigen Minuten kurbeln den Strom jederzeit nach Bedarf erzeugen kann, ist man relativ unabhängig. Im Gegensatz

zu Kerzen oder Petroleumlampen besteht bei dieser einfach zu handhabenden Lichtquelle keine Brandgefahr.Zuhause kann man sie auch bequem an der Steckdose aufladen. Wenn man schon einmal nach einem Stromausfall mühsam ein Feuerzeug suchen musste, um dann mit der Kerze den Sicherungskasten zu erkunden, weiß man zu schätzen, wie einfach und praktisch diese Tischlampe ist. Für mich ein Muss in der Krisengrundausstattung, denn damit tappt man nie im Dunkeln. Diese Stirnlampe ist jetzt und im Krisenfall ein unentbehrlicher Helfer, weil man die Hände frei hat Im Dunkeln kommt es oft vor, dass man einerseits Licht, aber andererseits auch beide Hände benötigt. Das betrifft Reparaturen aller Art, jegliches Arbeiten im Dunkeln oder Dämmerlicht, Verpflegung bei Nacht usw. Für solche und viele andere Fälle ist eine gute Stirnlampe unentbehrlich. Diese hier vorgestellte Stirnlampe leuchtet einerseits bis zu einhundert Meter und kann andererseits so heruntergedimmt werden, dass man damit auch lesen oder arbeiten kann. Das macht sie zu einem universellen Helfer in vielen Situationen.Petromax – die Lösung für stromunabhängiges Licht sowie kochen und heizen auf kleinstem RaumMit der Petromax können Sie Stromausfälle überbrücken und wichtige Grundfunktionen sicherstellen. Sie gibt Licht, heizt und mit dem optionalen Kochaufsatz kann man auch Speisen erwärmen. Die Petromax

gehörte bei uns über Jahrzehnte zum Erscheinungsbild der Märkte und Straßenhändler, in der „Dritten Welt" dient sie noch heute als Ersatz für Gas oder Strom.
Die Petromax hat sich über Jahrzehnte bewährt und ist in schweren Zeiten ein zuverlässiger Helfer, der Sie nicht im Stich lassen wird.

Krisenvorsorge: Hausbelüftung – ein Problem, das niemand auf der Rechnung hat

Haben Sie die Belüftung Ihres Hauses schon einmal in Zusammenhang mit der Krisenvorsorge gebracht? Wenn nicht, dann wird es höchste Zeit. Denn es ist wahrscheinlich, dass man in Krisenzeiten weniger vor die Tür geht oder gar auch mal tagelang im Haus bleibt, ohne einen

Schritt vor die Tür zu wagen. Wenn es dabei zu Problemen mit der Strom- und Gasversorgung gekommen ist, wird auch die Frischluftversorgung plötzlich zu einem Thema.

Menschen benötigen 30 Liter Frischluft je Stunde

Je nach Aktivitätsgrad benötigt ein Mensch stündlich 30 Liter frische Luft. Im Normalfall lüften wir über die Fenster. Laut dem IWU ist eine Luftwechselrate von 0,3 bis 0,7 pro Stunde ausreichend.In Krisenzeiten ist es schwierig, diese Regel zu befolgen. Verschiedene Faktoren beeinflussen die Luftqualität: Anzahl der Menschen in einem Zimmerdie Aktivität der HausbewohnerAnzahl und Art der verwendeten GeräteOhne Strom und Gas muss im Winter zum

Beispiel mit einem Kamin geheizt werden – und dann wird Feinstaub zu einem ernstzunehmenden Problem.In Deutschland gibt es Schätzungen zufolge rund 15 Millionen Holzfeuerstätten. So schön ein offener Kamin auch aussehen mag und so praktisch er in Krisenzeiten ist, so heikel ist seine Verwendung, wenn die Fenster geschlossen bleiben müssen. Wohin entweicht dann der Feinstaub? Ohne eine gute Belüftung bleibt er im Wohnraum und schadet Ihrer Gesundheit.

Tipp: Nutzen Sie einen offenen Kamin nur in absoluten Notfällen. Investieren Sie stattdessen in gesundheitsunbedenkliche Wärmeerzeuger und wärmen Sie sich zunächst direkt am Körper auf – zum Beispiel mit dem Magic

Heat von Relags. Ziehen Sie auch den Umstieg auf eine Infrarotheizung in Erwägung (Lesetipp: Heizen mit Infrarot Energie. Energie sparen, wohltuend, ohne Abgase).

Abluftanlage sorgt für frische Luft

Doch auch ohne den Einsatz eines Kaminofens wird die Luft im Haus früher oder später stickig oder knapp. Aus diesem Grund sollten Sie über das Nachrüsten einer Abluftanlage nachdenken. Diese Anlage ist in der Lage, Schadstoffe und Feuchte aus der Luft abzutransportieren. Im Regelfall kommen die Abluftsysteme in Bädern, Küchen sowie dem WC zum Einsatz. Aufgrund des Unterdrucks entsteht jedoch eine Sogwirkung: Luft aus anderen

Räumen wird somit zur Anlage gezogen und ebenfalls abtransportiert.Neben den Abluftanlagen in Bad und Küche sollte das Haus mit Zuluftöffnungen in allen anderen Zimmern ergänzt werden, insbesondere in den Schlaf- und Wohnräumen. Sie können die Öffnungen in Fensterrahmen oder Außenwände montieren.

Lüftungssysteme mit Wärmerückgewinnung

Damit der Kamin nicht die Luft verunreinigt, können Sie auch ein Lüftungssystem mit Wärmerückgewinnung installieren. Das zentrale Problem der Abluftanlagen ist, dass sie in der kalten Jahreszeit eisige Luft ins Haus bringen.Glücklicherweise sind Lüftungsgeräte mit

Gegenstromwärmetauscher erhältlich, die den auf diese Weise entstehenden Wärmeverlust minimieren. Wer ein solches System nachrüstet, kann auch von diversen Förderungen (unter anderem von der KfW-Bank) profitieren. Genauere Informationen gibt es beim Bundesverband für Wohnungslüftung (VfW).
Alternative: Sicher auf Kippe lüften
Wenn Sie kein Abluftsystem installieren möchten, bleibt Ihnen nur noch das Lüften über die Fenster. In Krisenzeiten können Sie unter Umständen das Fenster nicht komplett öffnen; bei einem gekippten Fenster besteht das Risiko, dass jemand versucht, in Ihr Haus einzudringen. Die Lösung: Eine Fensterkippsicherung

nachrüsten. Diese Systeme haben drei Verriegelungspunkte für Fenster sowie vier Punkte für Terrassen- und Balkontüren. Einfache Plünderer und Einbrecher werden diese Hürden nicht überwinden können.

Wie wird Ihr Haus bzw. Ihre Wohnung im Krisenfall geheizt? Krisenvorsorge: Eine autarke Heizmöglichkeit ist unverzichtbar

Angesichts der Tatsache, dass Deutschland und andere mitteleuropäische Länder in hohem Maße von Energieimporten abhängig sind, sollten Sie unbedingt für alternative Heizmöglichkeiten sorgen. Allein ein Stromausfall kann zum Ausfall der Heizung führen, da die Ölheizung Elektrizität für den

Zündfunken und die Ölpumpe benötigt. Sehr unangenehm ist es, wenn die Krise in der kalten Jahreszeit ausbricht oder gar den Winter überdauert. Wie wird dann Ihr Haus bzw. Ihre Wohnung geheizt? Mit Öl? Gas? Strom? Fernwärme?Können Sie Ihr Heim in der Krise unabhängig heizen? Schwedenofen – eine unabhängige HeizmöglichkeitAlle, die in Immobilien mit einer Öl- oder Holzheizung wohnen, können einen Vorrat an Brennstoff anlegen. Daher sollte der Heizöltank stets möglichst voll sein. Jedoch ist bei dieser Heizart wie auch der Gas- oder Pelettheizung zu bedenken, dass die Heizanlage bei einem Stromausfall nicht funktioniert. In der Krise ist eine Abhängigkeit

von unzuverlässigen Lieferanten doppelt gefährlichFalls Ihr Haus oder Ihre Wohnanlage mit Gas- oder Fernwärme beheizt wird, können Sie selbst nicht vorsorgen. Die Bundesrepublik ist insbesondere beim Gas von unzuverlässigen Lieferanten abhängig. Im Krisenfall sollte man sich darauf nicht verlassen, sondern stattdessen über Alternativen nachdenken. In Ihrem eigenen Haus können Sie ziemlich sicher einen Schweden-, Kamin- oder einen Kachelofen einbauen. Hier hängt es nur von einem vorhandenen, freien Kaminzug ab oder ob man einen außenliegenden Rauchabzug anbringen kann.
Als Mieter können Sie Ihren Vermieter fragen und normalerweise sollte er nichts

dagegen haben. Notfalls tragen Sie die Kosten. Diese Sicherheit sollte es Ihnen Wert sein. Mit solch einem Ofen können Sie unabhängig von jeglichen Energielieferanten – egal ob Gas, Fernwärme, Strom – einige Räume autark heizen. Es gibt solche Öfen mit Wärmespeicherplatten, die dann auch noch Wärme abgeben, wenn das Feuer erloschen ist. Ebenso welche, auf denen Sie Speisen wärmen bzw. kochen können. Sorgen Sie für einen ausreichenden, diebstahlsicher gelagerten Holzvorrat von knapp sechs Raummetern pro Heizperiode.Wichtige Krisenvorsorge: Alternative und für jeden nutzbare Heizmöglichkeiten Ein Petroleum Ofen ist für jeden Haushalt – insbesondere für

Wohnungen – eine ideale Ergänzung. Er ist mit Maßen von 45 x 25 x 40 cm und nur knapp acht Kilo Gewicht sehr handlich und kann auch während der Betriebs von einem Raum in den anderen getragen werden. Er ist kinderleicht zu bedienen und für das Heizen von Innenräumen konzipiert. Sollte ein Sauerstoffmangel auftreten, schaltet er automatisch ab. Mit solch einem Ofen kann man Räume bis zu 120 m³ beheizen. Die Leistung beträgt rund 3.000 Watt. Das dafür nötige Petroleum – ich empfehle Alkan – können Sie in der Wohnung und im Keller lagern (dennoch sollten Sie die örtliche Feuerwehr und das Umweltamt fragen).

Die unverzichtbaren Ausrüstungsgegenstände für

Ihre persönliche Krisenvorsorge bekommen Sie hier.

Als weitere Heizalternative kommt die Petromax infrage. Das ist eine hochwertige Petroleumlampe, die seit Jahrzehnten weltweit verwendet wird. In den fünfziger und sechziger Jahren prägte sie auch bei uns auf den Märkten das Straßenbild. Heutzutage findet man sie überall dort auf der Welt, wo es keinen fließenden Strom gibt.

Die Petromax erzeugt ein sehr helles Licht und dank einer Leistung von 400 Watt kann man damit kleinere Räume heizen und Speisen erwärmen. Das Brandrisiko ist bei der Petromax geringer als bei kleineren Petroleumlampen und Kerzen. Alternativ kann ein Raum auch mit Teelichtern geheizt werden. Teelichter geben tatsächlich genügend Wärme ab, wenn man entsprechend viele davon verwendet. ImInternet finden Sie dazu viele Anwendungsbeispiele. Aber Achtung. Diese dürfen nicht zu nah beieinander stehen, da es ansonsten zu einer Verpuffungsexplosion kommen kann.

Krisenvorsorge – wenig Platz ideal ausnutzen

Wer in seiner Wohnung wenig Platz hat, aber trotzdem für den Krisenfall vorsorgen will, stößt sprichwörtlich oft an Grenzen Die Einlagerung von Nahrungsmitteln und anderen wichtigen Vorräten kann im Verhältnis sehr viel Platz in Anspruch nehmen, der aber oft nicht zur Verfügung steht. Was also tun, um den vorhandenen, sehr begrenzten Platz ideal auszunutzen und bestmöglich vorzusorgen? Dieser Artikel soll Ihnen hier behilflich sein, und wird Ihnen hoffentlich viele brauchbare Anregungen bieten.

Schritt 1: Machen Sie sich mit Ihrer Wohnung vertrautSicher, Sie kennen Ihre Wohnung, doch um herauszufinden, wo und wie Sie den verfügbaren Platz am besten ausnutzen, müssen Sie sich mit deren Aufbau und Beschaffenheit mit geradezu chirurgischer Präzision vertraut machen. Schauen Sie sich genauestens um, merken oder notieren sie sich jedes für die ideale Platznutzung relevante Detail. Gibt es irgendwo ungenutzte Nischen, beispielsweise im Flur, die keinem Zweck dienen aber trotzdem Platz beanspruchen? Wie hoch sind die Decken Ihrer Räume? Haben Sie irgendwo eine Dachschräge? Wie vollgestellt ist Ihre Wohnung und was von all dem Krempel brauchen Sie wirklich? Wie sind die Möbel angeordnet? Welcher Raum wird wie und zu welchem Zweck genutzt? Haben Sie einen Speicher oder Keller zur Verfügung, und wenn ja wie groß ist dieser. Sobald Sie sich einen Überblick über Ihre Wohnung verschafft haben, sind Sie bereit für Schritt 2. Schritt 2: Optimierung der Platznutzung mithilfe bereits gegebener MittelDas Ziel von **Schritt 2** ist es, den Platz in Ihrer Wohnung möglichst effizient nutzbar zu machen, ohne dass Sie gezwungen sind auf kostspielige

Neuanschaffungen zurückzugreifen. Es geht also lediglich um das Ausnutzen und Optimieren des bereits Vorhandenen. Zunächst sollten Sie sich klar werden, wie Ihre Wohnung aufgeteilt ist. Welche Zimmer gibt es? Die meisten Wohnungen haben, abhängig von Ihrer Größe, mindestens ein Zimmer für Wohnzwecke, eine Küche oder Kochgelegenheit und ein Badezimmer oder zumindest eine Toilette mit Dusche. Viele Wohnungen sind jedoch, je nach Anzahl Ihrer Bewohner und deren Bedürfnissen, noch weiter aufgeteilt. Häufig sind die eigentlichen Wohnräume eingeteilt in Wohnzimmer, Schlafzimmer, Arbeitszimmer, Kinderzimmer, Freizeitzimmer, Hobbyräume, etc.

Schauen Sie sich also die Aufteilung der Wohnräume in Ihrer Wohnung genauestens an, und fragen Sie sich selbst: „Macht diese Aufteilung Sinn? Brauche ich/brauchen wir jedes dieser Zimmer in seiner jetzigen Form und Funktion?" Wenn Ihre Antwort darauf „Nein" lautet, ist es möglich und an der Zeit umzudenken und entsprechend umzuräumen.Dazu nun ein paar konkrete Beispiele und Erklärungen für im Sinne der Krisenvorsorge bessere Nutzungsmöglichkeiten für Wohnräume:

Beispiel 1: Wohn und SchlafzimmerEs ist in deutschen Haushalten schon seit langer Zeit üblich, dass Wohn- und Schlafzimmer streng voneinander getrennt sind. Dies ist vor allem bei Paaren und in Familien der Fall, kommt aber auch bei Alleinstehenden durchaus häufig vor. Nun stellt sich die Frage, ob diese Raumaufteilung wirklich sinnvoll ist. Das Schlafzimmer dient zumeist, wie der Name sagt, fast ausschließlich zum Schlafen. Dabei ist der vorhandene Raum oft sehr ineffizient genutzt. Selten sieht man in einem Schlafzimmer mehr als ein Bett, einen Kleiderschrank und einen Nachttisch. Der Rest des Raums bleibt fast immer komplett ungenutzt, was je nach Größe durchaus eine ganze Menge an Platz sein kann.Wenn man also nun das Bett in die Einrichtung des Wohnzimmers integriert, hat man einen ganzen Raum gewonnen, welcher sich anderweitig nutzen lässt. Wer die sicher sinnvolle Trennung zwischen Schlaf- und Wohnbereich nicht aufgeben will, kann dies mit Vorhängen, spanischen Wänden, o.ä. zumindest ein Stück weit erreichen. Das Alles ist natürlich nicht immer einfach, doch mit etwas Kreativität durchaus machbar, und mithilfe der richtigen Möbelwahl auch optimierebar (Mehr dazu in Schritt 3).Bevor Sie sich jedoch dazu entschließen, Wohn- und Schlafzimmer zu kombinieren, sollten Sie sich über die Konsequenzen im Klaren sein. Wenn Sie in einer Partnerschaft leben ist es sehr gut möglich, dass Ihr Partner oder Ihre Partnerin damit nicht einverstanden ist. Bei Paaren mit Kindern kommt häufig noch hinzu, dass das Schlafzimmer der einzige Ort im Haus ist, an dem die Eltern ein gewisses Maß an Privatsphäre genießen. Dieser Optimierungsvorschlag ist deswegen auch hauptsächlich für Alleinstehende und kinderlose Paare geeignet. Trotz der genannten Einschränkungen lässt sich auf diese Art und Weise, sofern man es geschickt anstellt, eine ganze Menge Platz gewinnen.

Beispiel 2: Küche und Esszimmer
In vielen Wohnungen und Häusern sind Küche und Esszimmer voneinander getrennt. Dies ist, ähnlich wie beim vorangegangenen Beispiel von Wohn- und Schlafzimmer, sehr häufig eine recht ineffiziente Nutzung des vorhandenen Platzes, da das Esszimmer sehr oft, genauso wie das Schlafzimmer, nur zu seiner

namensgebenden Funktion genutzt wird, und sonst für den Rest des Tages leer steht.Die offensichtlichste und am häufigsten genutzte Möglichkeit dies zu ändern ist das Integrieren des Esszimmers in die Küche. Ein ausreichend großer Küchentisch und einige Stühle reichen in der Regel schon, um auch in einer Küche problemlos essen zu können. Sollte dies aus Platzgründen nicht möglich sein, bieten sich zwei Alternativen an:

Die Erste wäre das Integrieren der Funktionen des Esszimmers ins Wohnzimmer. Wer über die entsprechende Möblierung verfügt kann auch problemlos im Wohnzimmer essen und sich das Esszimmer komplett sparen.

Sollte dies keine Alternative sein und der Erhalt des Esszimmers eine Notwendigkeit bleiben, gibt es noch die Möglichkeit diese möglichst effizient zu nutzen. Entweder Sie machen das Esszimmer zu aktive genutztem Wohnraum, oder Sie nutzen es zusätzlich zu seiner Erstfunktion noch als Stauraum. Ein Esszimmer eignet sich oft hervorragend als zusätzliche Vorrats- und Speisekammer. Nutzen sie ansonsten freie und ungenutzte Wände, indem Sie Regale oder besser Schränke anbringen und Sie werden feststellen, dass Sie nun deutlich mehr Vorräte lagern können als vorher.

Beispiel 3: Arbeitszimmer
Viele Menschen arbeiten zuhause und richten sich zu diesem Zweck

ein Arbeitszimmer ein. Sollten Sie ein Arbeitszimmer haben, aber in Ihrer Wohnung unter Platzmangel leiden, stellt sich die Frage, ob sich die Heimarbeit nicht auch in anderen Räumen erledigen lässt. Ein Schreibtisch mit den benötigten Arbeitsmaterialien im Wohn- oder Wohn/Schlafzimmer reicht häufig schon aus.Sollten Sie allerdings zum Arbeiten die Ruhe oder den Platz benötigen, welche Ihnen nur ein eigenes Arbeitszimmer bieten kann, sollten Sie eben Dieses optimieren. Haben Sie hier noch eine ungenutzte Ecke, in der sich ein Vorratsschrank oder Regal unterbringen ließe? Dies hätte auch den Vorteil, dass Sie Vorräte und Materialien nicht in den Teilen der Wohnung unterbringen müssen, wo sie eine

Beeinträchtigung der Gemütlichkeit oder Ästhetik wären.

Krisenvorsorge – wenig Platz ideal ausnutzen

Beispiel 4:

Hobby und Freizeiträume sind ein Luxus, der sich normalerweise nur in größeren Wohnungen und Häusern findet. Doch selbst in solch privilegierter Wohnsituation kann mancheR sich plötzlich mit Platzproblemen konfrontiert sehen. Die offensichtlichste Lösung ist hier, den Hobbyraum in einen anderweitig genutzten Wohnraum umzufunktionieren.Wenn Ihnen der Hobby/Werkstattraum persönlich wichtig ist und Sie ihn nicht einfach „profanisieren" wollen, ist das verständlich. Dann können Sie aber immer noch darüber nachdenken, ihn zumindest teilweise als Stauraum zu verwenden. Oft lassen sich ungenutzte Ecken solcher Räume sehr gut mit Vorräten füllen.

Beispiel 5: Räume mit DachschrägenRäume mit Dachschrägen bieten zunächst nicht sehr viele Möglichkeiten, was das Ausnutzen von Platz angeht. Doch da der Teil des Raumes, in dem man wegen der Dachschräge nicht aufrecht stehen kann, sowieso meist nur ineffizient oder gar nicht genutzt wird, bietet er sich umso mehr an, jene Vorratskisten und Säcke (z.B. Getreidesäcke) aufzubewahren, die anderweitig keinen Platz finden (weil sie zu groß fürs Regal sind, o.ä..). So nutzen Sie den ansonsten vergeudeten Platz effektiv aus.

Beispiel 6: Speicher, Keller und

GaragenSpeicher und Keller, sofern vorhanden, eignen sich ideal zum Lagern größerer Mengen von Lebensmitteln und Vorsorgematerialen. Doch allzu oft sind sie sind sie schon vollgestellt mit Gerümpel, das unglaubliche Mengen an Platz verschlingt, ohne einen praktischen Nutzen zu erfüllen. Dazu gehören der kaputte Plattenspieler aus den Siebziger Jahren, Opas Langlaufski, das zwanzig Jahre alte Schlauchboot und andere „Schätze", die vielleicht mal in ein paar Jahrzehnten oder (wahrscheinlicher) nie mehr zum Einsatz kommen. Entsorgen Sie diese Altlasten bei Ebay oder im Sperrmüll und nutzen Sie den so gewonnen Stauraum effektiv. Mithilfe durchdacht angeordneter Vorratsregale wird dann jede

Menge Platz frei.Garagen eignen sich ebenfalls perfekt zum Verstauen wichtiger Vorräte. Sie nur zum Parken des Autos zu verwenden ist in der Regel Verschwendung. Dass es abgesehen vom fahrbaren Untersatz nur benötigtes Werkzeug und andere Gegenstände sein sollten, denen die Abgase nichts anhaben können, sollte einleuchten.

Beispiel 7: Optimierung der Wohnungseinrichtung

Zunächst einmal sollten Sie sich die Positionierung der Möbel auf folgende Aspekte hin anschauen: was steht im Weg, blockiert Durchgänge zu bestimmten Teilen des Raumes oder steht so, dass sich zwischen dem entsprechenden Möbelstück und der Wand Nischen bilden, welche komplett ungenutzt bleiben? Überlegen Sie sich dann, wie Sie die betreffenden Möbel effizient umräumen können. Das simple Umräumen hat in sehr vielen Fällen, trotz im Endeffekt gleicher Möblierung des Raumes, großen Platzgewinn zur Folge. Achten Sie hierbei vor allem darauf, dass Möbelstücke möglichst direkt an der Wand stehen, sich keine der besagten Nischen bilden, und das alle Teile des Raums bequem erreichbar sind.

Wenn Sie die Anordnung der Möbel in Ihrer Wohnung optimiert haben, sollten Sie im nächsten Schritt überprüfen, welche Teile Ihrer Wohnungseinrichtung wirklich notwendig sind. Häufig sammeln sich im Laufe der Zeit zahllose Dinge an, die zwar scheinbar einen ideellen oder nostalgischen Wert haben, im Grunde aber nur Ballast und entbehrlich sind. Die wirklich wertvollen Erinnerungen wie Fotos oder Briefe müssen Sie sicher nicht opfern, doch bei der raumgreifenden Kommode sollten Sie den Nutzen wirklich gründlich überdenken.Dinge, die Sie nach reiflicher Überlegung nicht mehr brauchen, lassen sich häufig noch gewinnbringend verkaufen. Das so gewonnene Geld kann Ihnen auch beim Anlegen von Vorräten und bei der Verwirklichung der im folgenden Schritt 3 gegebenen Empfehlungen helfen.

Optimierung der Platznutzung mithilfe neu angeschaffter Möbel
Die in Schritt 2 genannten Möglichkeiten können, wenn

richtig angewendet, schon zu beachtlichen Resultaten führen. Allerdings stoßen Sie auch mit diesen Methoden früher oder später an Grenzen. Wer noch mehr Platz gewinnen und die gegebenen Möglichkeiten noch besser ausnutzen will, muss ein wenig investieren. Doch keine Sorge, das erfordert weder Unsummen noch eine komplett neue Wohnungseinrichtung. Es geht lediglich um einige weinige ausgewählte Möbelstücke, die in Ihrer Wohnung möglichst viel Stauraum schaffen. Bei Möbel-Discountern wie IKEA finden Sie davon jede Menge zu sehr vernünftigen Preisen. Ein Blick in in die entsprechenden Kataloge lohnt sich fast immer. Dazu mehr in der Fortsetzung in Teil III.

Krisenvorsorge – wenig Platz ideal ausnutzen (III)

Beispiel 1:

Betten

In Schritt 2 wurde bereits erwähnt, wie Sie vom reinen Schlafzimmer auf Alternativlösungen umsteigen. Unabhängig davon kann die Anschaffung des richtigen Bettes zu enormer Platzersparnis führen. Nachfolgend nenne ich einige Beispiele für spezielle Bett-Lösungen und zeige, in welchen Situationen diese angebracht sind.

Hochbett: Hochbetten stehen, wie der Name schon sagt, nicht direkt auf dem Boden, sondern in der Regel auf vier Beinen, ähnlich wie man es vom Tisch her kennt. Das Rost befindet sich in der Regel in ca. zwei Metern Höhe und ist über eine Leiter zugänglich. Dies hat den

Vorteil, dass man unter dem Bett aufrecht stehen kann und kein Stauraum mehr verloren geht, da der Platz am Boden, an welchem das Bett normalerweise stehen würde, uneingeschränkt nutzbar ist. Hochbetten sind für jung gebliebene Paare, Alleinstehende und Kinder geeignet. Paare entscheiden sich meist wegen des eher unkomfortablen Zugangs gegen ein Hochbett.

Bettcouch: Wer sich dafür entscheidet, das Schlafzimmer ins Wohnzimmer zu verlegen, für den ist die Bettcouch meist die beste Lösung. Sie hat den Vorteil, dass sie sehr platzsparend ist, da eines der beiden platzraubenden Möbelstücke Bett und Couch wegfällt. Da die Bettcouch, wenn als Couch genutzt, in der Regel nicht von einer „regulären" Couch zu unterscheiden ist, gibt es bei dieser Lösung auch vom ästhetischen Standpunkt her keine Probleme.Stauraum unter dem Bett: Wenn für Sie die beiden genannten Möglichkeiten nicht in Frage kommen, bleibt noch folgende Möglichkeit: Viele moderne Betten sind entweder standardmäßig nach oben aufklappbar, oder werden mit entsprechenden Schubladen geliefert, welche sich seitlich ausziehen lassen, um den sonst ungenutzten Raum unter dem Bett nutzbar zu machen. Sollte dies bei ihrem Bett nicht der Fall sein, das Bett aber dennoch seitlich offen, lassen sich meist passende Schubladen, die häufig sogar Rollen zur leichteren Handhabung haben, separat dazukaufen.

Beispiel 2: Regale

Regale gehören zu den effizientesten und besten Möbelstücken, was das Ausnutzen von Platz als Stauraum angeht. Es gibt Sie generell in zwei Varianten. Die Erste steht wie die meisten anderen Möbelstücke auf dem Boden, die Zweite wird direkt an der Wand befestigt.

Wenn Sie den Platz in Ihrer Wohnung ideal ausnutzen wollen, nutzen Sie so viele Regale wie nur irgend möglich. Jeder Platz in Ihrer Wohnung, an dem ein Regal stehen könnte, sich aber keines befindet, ist quasi verschwendeter Stauraum. Nutzen Sie jede freie Nische und jede Wand an der sich kein Regal befindet, und bringen Sie eines an. Solange die Regale den anderen

Möbeln nicht in die Quere kommen, werden Sie so sehr schnell sehr viel Platz gewinnen. Regale haben einen großen Vorteil gegenüber Schränken: Sie haben keine Türen. Dank dieser Tatsache müssen Sie bei der Positionierung von Regalen in Ihrer Wohnung auch nicht darauf achten, ob besagte Türen überhaupt komplett zu öffnen sind, oder ob diese durch etwas blockiert werden. Somit sind Regale mit die flexibelsten einzusetzende Möbelstücke überhaupt.Beim Kauf von Regalen sollten Sie vor allem auf die Ausmaße und die Einteilung achten. Hier rate ich zu relativ simplen Einteilungen. Je komplexer die Einteilung der einzelnen Fächer des Regales ist, desto ineffizienter ist in der Regel die Ausnutzung des

Stauraums. Achten Sie bei den Ausmaßen darauf, dass das Regal genau dorthin passt, wohin Sie es haben wollen. Zu kurze Regale verschwenden Platz, zu lange oder breite passen vielleicht gar nicht dorthin wo Sie sie haben wollen, was zu unangenehmen Überraschungen führen kann. Auch auf die Höhe des Regales sollten Sie achten. Das ideale Regal ist fast so hoch wie das Zimmer, in welchem es steht beziehungsweise hängt, so wird auch wirklich kein Platz verschwendet.

Beispiel 3: Schränke
Das Meiste, was ich zu Regalen sagte, gilt auch für Schränke. Achten Sie vor allem auf die richtigen Maße und Einteilung, um möglichst wenig Platz zu verschwenden. Zwar haben Sie mit

Schränken eine übersichtlichere und meist auch schönere Optik, doch ich rate trotzdem zu verhältnismäßig wenigen Schränken, da sie unflexibler und unpraktischer sind als Regale. Meist ist auch auf den Schränken noch viel Stauraum für die eine oder andere Kiste vorhanden.

Beispiel 4: Einbauschränke
Eine Ausnahme stellen jedoch Einbauschränke dar. Sie bieten in speziellen Situationen die Ideale Ausnutzung von vorhandenem Platz – meist in ansonsten ungenutzten Nischen, wie Sie häufig in Hausfluren vorkommen. Diese Nischen sind sehr häufig Überbleibsel einer früheren Raumeinteilung des Hauses. Oft ließen sich Häuser beim Bau nur so einteilen, dass der Flur nicht gerade

verläuft, sondern Ausbuchtungen in der Wand zurücklässt, welche Platz verschwenden und sich nicht vernünftig nutzen lassen. Einbauschränke, die oftmals auf genau solche Nischen abgestimmt sind, stellen hier die ideale Lösung dar.Eine weitere sinnvolle Möglichkeit, einen Einbauschrank zu positionieren, bietet sich häufig am Ende eines Flures. Da meistens die Türen in die verschiedenen Wohnräume alle seitlich liegen, endet der Flur meist in einer Art „Sackgasse". Zwischen den besagten Türen und dem Ende des Flures ist dann noch etwas Platz übrig, welcher zwar zu klein ist, um ihn als Wohnraum nutzen zu können, doch auch zu groß, um ihn einfach zu verschwenden. Ein Einbauschrank, welcher direkt bei den Türen in die anderen Räume endet, macht diesen Platz sinnvoll nutzbar.In beiden Fällen kann man statt eines Einbauschrankes natürlich auch einen regulären Schrank oder ein Regal in der entsprechenden Nische platzieren. Einbauschränke haben jedoch den Vorteil, dass Sie den vorhandenen Platz am besten und genauesten ausnutzen.Es gibt auch Firmen, die sich auf das Bauen von Einbauschränken und ähnlichem spezialisiert haben. Wer sich nicht selbst die Arbeit machen will und in der Lage und gewillt ist, das nötige Geld hierfür auszugeben, wird im Internet schnell fündig werden.

Fazit:
Wir hoffen, dass Ihnen diese Vorschläge zur idealen Nutzung

des in der Wohnung verfügbaren Platzes einige hilfreiche Anregungen bieten.

Backen Sie Ihr leckeres Brot selbst Selbst Brot backen geht leichter als Sie denken

Mit einem Backautomaten funktioniert das Brot backen kinderleicht und nach einer kurzen Übungszeit backen Sie sehr leckere und vor allem sehr gesunde Brote. Sie können diese nach Ihren Vorlieben variantenreich zubereiten. Wir empfehlen die Zubereitung mit frisch gemahlenem Korn, da auf diese Art im Gegensatz zum weißen Mehl bzw. den Fertigbackmischungen alle wertvolle Inhaltsstoffe zur Verfügung stehen. Sie benötigen hierfür frisches Getreide, das Sie im Bioladen oder im Supermarkt bekommen. Zwei meiner Mitarbeiter haben sich solch ein Gerät gekauft und nach einer Versuchsphase von knapp fünf Broten backen sogar die beiden Mitzwanziger köstliches Brot. Bei dem hier empfohlenen Backautomaten ist eine 30 seitige umfangreiche Beschreibung enthalten, die alle Fragen zum Backen beantwortet und über 30 Backrezepte für Brot, Brötchen, Croissants, Kuchen usw. enthält. Sie können nach Lust und Laune variieren, verschiedenes Getreide verwenden und zur Abstimmung Sesam oder andere Körner dazu geben. Diesen Automat können Sie programmieren, so dass Sie in der früh oder nach einem Ausflug am Abend frisches Brot vorfinden. Darüber hinaus knetet der Automat vollautomatisch zum Beispiel den **Teig für die Pizza.**

Selbst gebackene Pizza – leckerer und gesünder als vom Italiener
Mit dem Pizza Alfredo kann man selbst ausgezeichnete Pizzen zubereiten. Wir sind ganz begeistert davon, meiner Frau schreibt folgende Empfehlung:Ich bin sehr begeistert vom Pizzamaker Pizza Alfredo der Firma Bestron. Nach kurzem Aufheizen kann man auf einer Steinplatte sehr leckere Vollkornpizza machen. Ich bereite den Pizzateig folgendermaßen zu: Dinkel frisch mahlen, Wasser, Frischhefe und Salz zufügen. Den Teig ca. eine Stunde gehen lassen. Dann mahle ich noch weiteres Dinkelmehl und arbeite es in kleine Teigportionen ein. Wenn ich einen glatten Teig habe, der nicht mehr

klebrig ist, dann rolle ich ihn aus, so dass ein runder Pizzaboden entsteht. Diesen Teig lege ich auf Holzspateln und belege ihn mit Tomatensoße, Thunfisch, Zwiebel, Kräutern und Käse (oder anderen Belag nach belieben). Das ganze wird auf die heiße Steinplatte von Pizza Alfredo verfrachtet.
Die Teigzubereitung ist eine Sache von Minuten und das belegen geht auch sehr schnell. Innerhalb von drei bis vier Minuten ist die Pizza fertig und schmeckt herrlich. Mittlerweile schmeckt uns diese Volkkornpizza besser, als die Weißmehlpizza vom Italiener und sie ist viel gesünder. Der Pizzaboden aus Dinkel-Vollkornmehl ist knusprig und lecker und nicht hart und trocken. Hier hat man ein Produkt, dass

schnell geht, schmackhaft und qualitativ hochwertig, aber dennoch preisgünstig ist. Außerdem können Sie alle Produkte aus dem Vorratskeller holen, Sie müssen dafür nichts einkaufen. Auf den Käse können Sie auch verzichten, ich gebe immer nur sehr wenig Käse drauf. Im Krisenfall sind es die kleinen Sachen, die große Sorgen lösen können

Verbrauchsgegenstände, die in Ihrer Vorsorge nicht fehlen sollten

Man sollte auch die üblichen Gebrauchs- und Verschleißteile, die es im Krisenfall eine zeitlang wahrscheinlich nicht oder nur sehr teuer geben wird, bevorraten. Dazu gehören Glühbirnen, Sicherungen, Filter, Staubsaugerbeutel,

Schrauben, Nägel, Dichtungen, Batterien, Ersatzbohrer, Sägeblätter, Isolierband, Klebebänder, Haken, Draht, etc. Hygieneartikel – besonders in Krisenzeiten ist Sauberkeit und Hygiene von höchster Bedeutung Sorgen Sie frühzeitig für einen guten Vorrat an Hygieneartikeln Im Krisenfall sind alle Menschen körperlich und mental stark belastet und daher ist es wichtig, alle Faktoren auszuschalten, die zusätzlich belasten Insbesondere der Hygiene kommt hier eine wichtige Bedeutung zu. Daher sollten Sie sich unbedingt einen angemessenen Vorrat an Seifen, Reinigungs-, Desinfektionsmitteln, Tüchern, Windeln, Damenbinden, Toilettenpapier, etc. zulegen. Reinigung ohne den ständigen

Kauf von Reinigungsmitteln
Es stellt sich natürlich die Frage, ob man im Krisenfall die nötigen Reinigungsmittel vorrätig hat bzw. noch kaufen kann. Aus diesem Grunde sind Microfasertücher perfekt. Mit diesen Tüchern kann man allein mit Wasser nahezu jede Art von Verschmutzung beseitigen. Das dient der Umwelt, spart Geld und ist die ideale Lösung im Krisenfall.

Notfalltoilette – was ist das größte Problem, wenn das Wasser ausfällt? Beim Stichwort Wasserausfall denken die meisten zuerst an das fehlende Trinkwasser. Sie übersehen dabei, dass das hygienische Problem „auf der anderen Seite" weit schwerwiegender ist. Bereits am ersten Tag des Ausfalls der

Toilettenspülung entsteht ein unerträglicher Gestank und bedenkliche hygienische Zustände führen rasch bis hin zur notwendigen Evakuation der Bewohner. Daher gehört eine Notfalltoilette, die ohne Wasser funktioniert, zur unverzichtbaren Krisengrundausstattung. Mit dieser Toilette kann man die Hinterlassenschaft geruchsfrei und umweltneutral entsorgen. Bis zum Ernstfall kann sie auf kleinstem Platz aufbewahrt werden.

Seifen und Waschmittel selbst herstellen

Mit ein wenig Übung und Experimentierfreude können Sie Putzseifen, Kosmetikseifen und sogar Waschmittel selbst herstellen. Damit wären Sie nicht nur in der Lage, Ihren eigenen Bedarf herzustellen, sondern auch dazu, mit Ihren Seifenprodukten Tauschwirtschaft zu treiben oder einen kleinen Handel aufzubauen. Die Grundzutaten dürften auch im Krisenfall noch aufzutreiben sein, auch wenn man dann nicht mehr die große Auswahl hat. Sie brauchen nur Öl oder Fett, Wasser und Natronlauge. Letztere sollten Sie für den Krisenfall vielleicht einlagern. Am besten so, dass neugierige Mitmenschen, insbesondere Kinder, sich nicht daran zu schaffen machen, denn Natronlauge ist stark ätzend. Seife entsteht aus der „Verseifung" von Fetten und Ölen durch Ätznatron, der so genannten „Natronlauge". Das ist der gefährliche Teil an der ganzen Sache. Die Natronlauge ist hochgradig aggressiv und kann an Haut und Augen schlimme Schäden verursachen. Daher muss man unbedingt immer Gummihandschuhe und Schutzbrille tragen. Wir raten ganz eindringlich von einem leichtfertigen Umgang mit diese Chemikalie ab. Nur, wer sich wirklich an die Vorsichtsmaßnahmen hält und diszipliniert damit umgeht, sollte sich an die Fertigung von echten Naturseifen machen. Wer Seifen siedet, muss immer daran denken, dass er mit gefährlichen Chemikalien hantiert. Alle Töpfe, Formen und Werkzeuge müssen parat stehen. Sie dürfen nicht zwischendurch weglaufen und alles unbeobachtet lassen, weil Sie doch noch etwas vergessen haben.

Achten Sie darauf, dass Kinder oder Haustiere nicht dazwischen funken können. Für eine Seifenherstellung müssen Sie ein bis zwei Stunden einplanen.

Sie brauchen zum Seifensieden:
Einen hohen Topf für 3 bis 4 Liter Inhalt (am besten aus Edelstahl
Einen kleinen Topf zum Mischen der Lauge mit Flüssigkeit. Achten Sie darauf, dass der Topf ein sauberes Ausgießen ermöglicht, also entweder mit Ausgußschnute oder dem so genannten abgerundeten „Gießrand", damit nichts daneben fließt.
Einen hölzernen Kochlöffel (oder aus Stahl) zum Umrühren der Seifenmasse.Ein Stabmixer mit Stahlmesser und Kunststoffgehäuse. Aluminiumteile werden durch das Ätznatron

angegriffen. Ein Thermometer, das bis 100 °C anzeigt. Eine Schüssel aus Glas oder Kunststoff, die sicheren Stand hat, zum Abwiegen der Laugenmenge. Eine Küchenwaage, die auf 1 Gramm genau wiegt. Eine Form/Formen, in die Sie die fertige Seifenmasse gießen. Die Form muss 100 °C aushalten können. Und die Seife muss problemlos nachher herausgelöst werden können. Holzformen gehen sehr gut, müssen aber mit Plastikfolie ausgelegt werden, die Seife geht sonst aus dem rauen Holz nicht mehr hinaus.

Als Sicherheitsmaßnahmen brauchen Sie:

Eine Schutzbrille, wie sie in der Apotheke oder bei Laborbedarfsgeschäften erhältlich sind.Dicke, feste Gummihandschuhe. Nicht die Dünnen aus dem Verbandskoffer. Plastikschürze gegen Laugenspritzer.

Erfordernisse an den Raum:
Gut belüfteter Raum! Am besten Fenster und Türen auf, damit die ätzenden Dämpfe die Lunge nicht schädigen.Einige Rollen Küchenpapier für den Fall, dass etwas überläuft, spritzt oder daneben geschüttet wird. Das gilt auch für die fertige Seifenmasse, denn junge Seife ist noch ätzend. Man kann aus den verschiedensten Ölen und Fetten Seife sieden. Wichtig ist, dass der Anteil an Ätznatron genau abgemessen ist, damit die fertige Seife nicht hautreizend wirkt, sondern ausgewogen ist und beim

Verseifungsprozess kein überflüssiges Ätznatron (NaOH) übrigbleibt. Seifen zur Körperpflege sollten sogar überfettet sein, um die Haut zu pflegen. Im Anschluss geben wir Ihnen noch zwei Grundrezepte, mit denen Sie beginnen können: Formen und mögliche Schmuck- oder Duftzutaten bereitstellen und sicherstellen, dass die Gießformen gut und sicher stehen. Abwiegen des Ätznatrons in einem Glas- oder Kunststoffgefäß. Dabei müssen Sie sehr genau sein. Atmen Sie den Staub keinesfalls ein, er greift Ihre Atemwege an. Um die Laugenflüssigkeit anzurühren, messen Sie jetzt den Anteil an KALTER Flüssigkeit ab, in der das Ätznatron aufgelöst wird. Das kann Wasser sein, aber auch Tee

(Heilkräuter, Duftkräuter, Pflanzensud mit bestimmten Heilwirkungen, Milch zur Hautpflege).Niemals die Flüssigkeit auf die Natronlauge geben, IMMER die Natronlauge vorsichtig in die Flüssigkeit einrieseln lassen und verrühren, dabei den Kopf am besten abwenden, um die Dämpfe nicht einzuatmen. Möglichst am offenen Fenster im Durchzug arbeiten.Rühren Sie die Lauge, bis die Flüssigkeit wieder klar ist und das Pulver komplett aufgelöst ist. Achtung. Dabei wird die Lösung heiß.Nicht zwischendrin stehenlassen, sonst setzt sich das Pulver als fester Block auf dem Boden ab, und man muss es erst wieder fein zerstoßen, bevor man es einrühren kann. In dieser Phase ist es ganz besonders wichtig, frische Luft zu haben! Machen Sie das, wenn möglich, im Freien. Stellen Sie die fertige Lauge am besten ins Spülbecken, da stößt man sie nicht aus Versehen um – und selbst wenn, fließt alles durch den Ausguß ab und reinigt dabei den Siphon. Auswiegen des Öl- und Fettanteils nach Rezept. Dabei können harte Fette wie Kokosfett und Bienenwachs verwendet werden sowie flüssige Öle wie Olivenöl, Rapsöl, Mandelöl, etc. Alles zusammen kommt in den großen Topf. Bei sanfter Hitze alles zum Schmelzen bringen und verrühren. Wenn die Ölmischung im Topf nur noch handwarm ist und die Laugenlösung ebenfalls nur noch lauwarm ist (zwischen 35 °C und 50°C), die Laugenflüssigkeit langsam und vorsichtig in das Fett-

Ölgemisch einlaufen lassen. Nicht die Nase über den Topf halten, möglichst nicht atmen. Drehen Sie den Kopf zum Atmen auf die Seite. Jetzt bildet sich eine undurchsichtige, puddingartige Masse. Man kann die feine Verteilung mit dem Stabmixer anfangs beschleunigen, den Stabmixer jedoch nicht länger als eine Minute betätigen. Danach mit dem Löffel per Hand rühren, denn sonst kommt die Seifenbildung nicht in Gang.Wenn die Masse wie frisch gekochter Pudding aussieht, können Sie noch ein paar Tropfen Duftöl, Kräuter, Blütenblätter, Zitronensaft oder Farbstoffe hineingeben und sanft umrühren. Dann gießen Sie die Seifenmasse in die vorbereiteten Formen.Decken Sie nachher die gefüllten Formen

ab, damit nichts hineinfällt und sich kein Staub auf der Oberfläche absetzt. Am besten stellen Sie die Formen in eine alte Wolldecke irgendwohin, damit sie noch eine Weile warmgehalten wird. Denn jetzt muss die Seife „reifen".
Dann reinigen Sie die Küche gründlich! Frische Seife ist stark alkalisch und hautverätzend. Benutzen Sie einfach Küchenkrepp, um die rohe Seife aufzuwischen und werfen Sie das Küchenpapier weg. Danach erst können Sie die Schutzbrille und die Gummihandschuhe ausziehen.
Jetzt brauchen Sie aber noch eine Weile Geduld. Nach zwei Tagen können Sie zwar die die Seife aus der Form nehmen und – falls Sie eine große Kastenform genommen haben – in Stücke schneiden. Dann

aber muss die Seife an einem luftigen, dunklen Ort für etwa vier bis sechs Wochen reifen, bis der Verseifungsprozess abgeschlossen ist. Sie wird umso milder, je länger sie reifen darf. Dabei verdunstet auch Feuchtigkeit und das Seifenstück wird fester und etwas kleiner. Seifenkenner lassen sie ein halbes Jahr liegen. Dann ist sie besonders mild und schonend und bietet das beste Waschvergnügen. Je kleiner die Formen sind, in die die Seife gegossen wird, umso länger muss sie reifen. Ein sehr hoher Anteil an gesättigten Fettsäuren (Kokosöl, Palmkernöl) macht die Seife aggressiv. Sie wird zur Körperpflege nicht mild genug werden, egal, wie lange sie reift. Für Reinigungsarbeiten im Haushalt ist sie aber geeignet. Seifen mit Milch erfordern etwas Erfahrung und sollten nicht als allererster Versuch unternommen werden. Notieren Sie Ihre Zutaten genau, denn dann wissen Sie, was besonders gut gelungen ist und wie Sie es dann genauso wieder machen können. Oder Fehler beim zweiten Mal vermeiden. Wer früher als nach drei Wochen an seine Seife geht und sie ausprobiert, riskiert Hautrötungen, Brennen und Hautreizungen. Hier ein paar Rezepte.

Einfache Pflanzenölseife:
350 g Olivenöl
250 g Kokosöl
300 g Rapsöl
120 g Natriumhydroxid(NaOH, erhältlich in der Apotheke)
260 g Wasser

Das Seifenrezept ist für eine 9%ige Überfettung ausgelegt. Statt Wasser kann man auch Ringelblumentee (oder anderen Tee mit hautpflegender Wirkung) verwenden.

Reine Olivenölseife:
Diese Seife aus Olivenöl und nichts als reinem Wasser ist für sehr empfindliche Haut geeignet und ein unschlagbarer Klassiker. Keine Duftstoffe, Konservierungsstoffe oder Farbstoffe irritieren die Haut. Sie kann sogar zur Haarwäsche verwendet werden, falls Sie weiches Wasser haben. Bei kalkhaltigem, harten Wasser bildet sich leider ein grauer Kalkseifenschleier auf dem Haar.

Das Rezept ist für eine 8 %ige Überfettung ausgelegt.
Aus diesem angegebenen Rezept erhalten Sie 1.400 Gramm Seife. Es lohnt sich, hochwertiges Olivenöl

zu verwenden und kein Chlorwasser aus der Leitung. Nehmen Sie natürliches Mineralwasser, wenn Sie sich schon die Arbeit machen.

Das Rezept:

1 Kilogramm Olivenöl
123 Gramm NaOH (Ätznatron)
250 Gramm Wasser

Falls Ihnen das Seifensieden so viel Spaß macht, dass Sie ein Hobby daraus machen wollen – Bücher hierzu gibt es genug. Auch im Internet finden Sie viele Rezepte. Natürlich wird es in einer scharfen Krise kaum möglich sein, besonders edle Seifen aus den besten Zutaten herzustellen, aber dann haben Sie schon Erfahrungen gesammelt und wissen, wie Sie sich helfen können und was Sie mit Pflanzen Kräutern und Milch zaubern können!Und nun viel Spaß beim Ausprobieren!

Ein gut sortiertes Werkzeugset ist ein wichtiger Bestandteil der Krisengrundausstattung

Im Krisenfall ist man vermehrt auf sich selbst gestellt und muss in der Lage sein, Dinge selbst zu reparieren

Ein gut sortierter Werkzeugkoffer

In der Krise werden auch Handwerker vermehrt mit eigenen Problemen beschäftigt sein, weshalb man Schäden am Haus nicht mehr immer einfach per Anruf regeln oder Dinge einfach nachkaufen kann. Zudem muss man Bestehendes länger nutzen und selbst in Schuss halten. Daher ist es kein Luxus, ein funktionsfähiges und gut sortiertes

Werkzeugset zu besitzen. Jeder Haushalt sollte über mindestens einen Werkzeugkoffer mit den wichtigsten Dingen verfügen. Ein Werkzeugkoffer ist besonders vorteilhaft, weil man dann alles an einem Ort hat, mit einem Griff das Wichtigste mitnehmen kann und nur so effektiv arbeiten kann.

Tipp: Achten Sie darauf, dass alle entnommenen Werkzeuge sofort nach der Nutzung wieder in den Koffer oder Kasten zurück wandern. Denn der Werkzeug Kasten ist nur wertvoll, solange er vollständig ist. Man lässt das Werkzeug nur allzu leicht irgendwo liegen und ärgert sich dann beim nächsten Mal, wenn genau die Teile fehlen, die man gerade bräuchte. Welche wertvollen Fähigkeiten besitzen Sie?Besorgen Sie außerdem spezielles Werkzeug, dass Sie in Ihren Neigungen und Fähigkeiten unterstützt. Wenn Sie gerne mit Holz arbeiten, so sollten Sie sich Holzbearbeitungswerkzeuge wie Stechbeitel, Hobel, Sägen, Feilen, etc. zulegen. Das Gleiche gilt, wenn Sie im Metallhandwerk oder anderen Gebieten zuhause sind. Sehr wahrscheinlich können Sie diese Fähigkeiten einbringen und damit Geld oder andere Güter und Dienste hinzuverdienen.

Auf Notfälle einstellen
Wie reagieren Sie am Besten bei einem Einbruch?
Was tun Sie, wenn Sie verdächtige Geräusche im Haus hören? Nicht in Panik verfallen: Einbrecher haben es meist auf Ihre Sachen, nicht auf Ihr Leben abgesehen. Sie

sollten ein Telefon in greifbarer Nähe haben, um die Polizei rufen zu können. Dann sollten Sie sich entweder im Schlafzimmer, Bad, etc. einschliessen, oder wenn möglich ins Freie flüchten, um in sicherer Entfernung auf die Polizei zu warten. Sie sollten besser nicht den Helden spielen, weil es für Leib und Leben dann schnell gefährlich wird. Einbrecher kommen meist tagsüber, in der dunklen Jahreszeit zwischen 14:00 Uhr und 19:00 Uhr. Wenn Sie zu dieser Tageszeit nicht da sind, sollten Sie einige Zeitschaltuhren kaufen und verschiedenen Lampe sowie Geräuschquellen in verschiedenen Räumen an- und ausschalten lassen.

Notfallrufnummern
Das sind die Notfallnummern (Für

die BRD):
Polizei-Notruf, Überfall, Verkehrsunfall 110
Rettungsdienst, Krankentransport, Notarzt 19222
Rettungsdienst, Überfall, Feuerwehr 112 (Hinweis: Diese Notrufnummer funktioniert in fast allen EU-Staaten)
Bringen Sie diese in der Nähe des Telefons an und informieren Sie jedes Familienmitglied.
Im Notfall gelten die fünf „W`s":
Wo – wo ist es passiert?
Was – was ist passiert?
Wie – wie viele verletzte?
Welche – welche Verletzungen
Warten – warten auf Rückfragen
Es ist allerdings fraglich, ob die Notsysteme auch im Krisenfall funktionieren. Deshalb sollten Sie eine vollständige Erste-Hilfe-

Ausrüstung Zuhause haben und mindestens ein Familienmitglied sollte in der Anwendung der Erste-Hilfe-Maßnahmen vertraut sein.
Ihre persönlichen Eintragungen:
Hausarzt:
Zahnarzt:
Bitte notieren Sie dann noch die Notfallrufnummer Ihres
Stromanbieters
Gasanbieter
Wasserwerke
EC- und Kreditkarten sperren Sie mit diesen Nummern:
National (Deutschland): 116 116, täglich 24 Stunden gebührenfrei erreichbar.
International: Tel. +49 116 116 oder +49 30 4050 40506, täglich 24 Stunden erreichbar, gebührenpflichtig.
Wenn Sie Tiere haben: Die

Rufnummer und Adresse des Tierarztes und der nächsten Tierklinik.

Stromausfall/Notfallübung:
Simulieren Sie einmal einen Notfall. Drehen Sie spätabends, wenn es dunkel ist, ohne Vorwarnung für die anderen die Sicherung heraus. Schauen Sie sich die Panik und das Durcheinander an. Finden Sie schnell ein Feuerzeug, Zündhölzer, eine Taschenlampe oder Kerzen? Finden Sie den Sicherungskasten? Haben Sie eine Vorsorge getroffen, wie Sie mit mehren Stunden Stromausfall klar kommen?

Der Umgang mit Waffen erfordert einen verantwortungsvollen Umgang
Bitte halten Sie unbedingt einige grundlegende Sicherheitsmaßnahmen ein, wenn

Sie eine Armbrust, Pistolen Armbrust, Sportschleuder etc. benutzen.Die oberste Regel lautet: Richten Sie niemals, niemals eine Waffe auf eine andere Person!Die nächste Regel lautet: Betrachten Sie jede Waffe als wäre sie geladen. Selbst wenn Sie denken oder wissen, dass sie nicht geladen ist. Es könnte trotz alledem eine Kugel oder ein Pfeil drinnen sein, der sich lösen kann. Es könnte auch sein, dass Ihnen ein anderer zuschaut, wie Sie die Waffe auf jemanden richten und macht es später nach, ohne zu prüfen, dass sie nicht geladen ist.Sorgen Sie dafür, dass Unberechtigte bzw. Personen, die nicht gründlich unterwiesen sind, auf keinen Fall Zugriff auf jegliche Waffen haben. Lagern Sie die Waffen auf jeden Fall ohne Pfeile oder Kugeln und bewahren sie diese getrennt und versteckt auf. Entfernen Sie beim Lagern den Bogen oder die Sehne, so dass das Gerät nicht benutzt werden kann. Wichtige Sicherheitsvorkehrungen beim Schiessen.Achten Sie darauf, dass sich im Schussbereich keine anderen Menschen aufhalten. Prüfen Sie auch, dass keine Person plötzlich in die Schussbahn laufen kann (Falls Sie Bspw. im Garten neben dem Haus schießen).Achten Sie darauf, dass weder ein Fehlschuss noch ein Querschläger andere verletzen kann. Pfeile einer Armbrust oder Pistolenarmbrust können weit über 100 m fliegen. Armbrüste oder Pistolenarmbrüste haben eine Sicherung, die sich beim Spannen automatisch aktiviert. Lösen Sie diese erst, wenn Sie zum

Schuss bereit sind und alle obigen Punkte beachtet sind. Der Finger bleibt bis zum Zielen außerhalb des Abzugs!

Empfehlung für eine professionelle Unterweisung

Um diese Regeln genau dargelegt zu bekommen, empfehle ich Ihnen, einmal zu einem Schießtermin in einen Sportschützenverein zu gehen. Jede volljährige Person kann dort als Gastschütze eigene erfahrungen Sammeln. Solch ein Schießtermin dauert circa drei Stunden und kostet knapp 30 Euro für die Munition und Versicherung. Im Internet finden Sie solche Schießsportvereine. Gastschützen sind dort gerne willkommen. Bevor Sie dort mit einer richtigen Waffe schießen dürfen, werden Sie gründlich in Sachen Sicherheit unterwiesen.

Sicherheitsregeln

Der Sichere Umgang mit Waffen
Der Finger bleibt bis zum Zielen weg vom Abzug!Sie können sich um eine Waffenbesitzkarte bemühenEs gibt natürlich einen Weg, um auch in Deutschland richtige Waffen besitzen zu dürfen Sie müssen hierfür Mitglied in einem Schützenverein werden. Diese finden Sie im Internet. Um dort einmal hinzuschnuppern, können Sie bei solch einem Verein anrufen und als Gastschütze zur Probe schiessen und die Abläufe kennenlernen. Als Gast ist man dort gern gesehen. Die Teilnahme kostet je Termin circa fünfzehn Euro (Gastschützenbeitrag inklusive Versicherung) plus die Munition, die mit knapp zwanzig

Euro zu buche schlägt. So können Sie dort hineinschnuppern und werden gründlich im sicheren Umgang mit Waffen unterwiesen. So qualifizieren Sie sich für die Waffenbesitzkarte Innerhalb eines Jahres soll man mindestens 18 mal am Schießsport teilgenommen haben, und dies muss man sich in einem vom Schützen zu führenden Schiessbuch von der Standaufsicht nach jedem Schießen bescheinigen lassen. Natürlich sollte man in einem Jahr auch etwas vom Verein und seinen Mitgliedern kennenlernen. In der Regel sind dort auch mehrere Arbeitsdienste zur Reparatur des Schützenstandes von jedem Mitglied zu leisten. Hierbei lernt man auch andere Schützen und die Amtsträger kennen, und umgekehrt.Wenn Sie also ein Waffe haben wollen, müssen Sie ein einwandfreies Verhalten nachweisen und aufrechterhalten, sich bei solch einem Verein anmelden und regelmäßig zum Schießen gehen. Es gibt dort so eine Art Logbuch und Sie brauchen mindestens 18 nachgewiesene Termine, um Ihr Bedürfnis nachzuweisen. All diese Angaben entsprechen den bayerischen Vorschriften, ich weiß nicht, wie die Gesetze in anderen Bundesländern sind. Danach dürfen Sie unter gewissen Auflagen Pistolen erwerben und Zuhause aufbewahren. Sie müssen mit Kosten im ersten Jahr von circa achthundert Euro für die Aufnahmegebühr, den Clubbeitrag und die Munition rechnen. Grundsätzlich ist eine Pistole gewöhnungsbedürftig, da sie meiner Meinung nach schon eine starke Bedrohung darstellt. Dann muss man sich an den Lärm (Hörschutz muss getragen werden) und den Rückschlag gewöhnen. Das Wissen um die Handhabung von Schusswaffen in Theorie und Praxis kann im Krisenfall hilfreich sein. Diese Fertigkeiten können beizeiten durch Mitgliedschaft in einem Schützenverein erlernt werden.

Krisengewinner oder Krisenverlierer – was macht den Unterschied aus?
Es gibt einen wirklich sicheren Weg, um beruhigt in die Zukunft zu schauenDie Entwicklung Ihrer mentalen und körperlichen persönlichen Fähigkeiten lässt Sie mit Allem, was auch immer auf Sie

zukommen mag, bestmöglich fertig werden. Kaum jemand weist auf diesen Bereich hin, obwohl es kaum etwas wichtigeres als die eigene Psyche und Physis gibt, worum es sich bezüglich der Krisenvorsorge zu kümmern lohnt. Wir stehen vor neuartigen und ungewohnten Herausforderungen, auf die wir uns nicht anders vorbereiten können als mit einem hohen Level an vielfältigen und flexibel einsetzbaren Fähigkeiten. Hierbei hilft Ihnen vor allem eines: persoenliche-faehigkeitenIhr mit den Fähigkeiten wachsendes Vertrauen, dass Sie mit allem, was auf Sie zukommt, fertig werden. Welcher Problemstellung Sie sich auch immer gegenüber sehen, Sie müssen eine Lösung sehen, diese anstreben und selbstverständlich

auch hinbekommen! Wie aller Anfang ist das zunächst schwer, doch mit jeder Einübung wird Ihnen das mehr und mehr zur Gewohnheit. Deshalb auch der unbedingte Rat, jetzt sofort mit den Verbesserungen anzufangen und nicht morgen. Es wird immer weniger Gelegenheiten geben, Verpasstes nachzuholen.
Auch hierbei werden wir in die Irre geführtBezüglich der persönlichen Fähigkeiten hat sich, wie in so vielen Bereichen der „Lebenkompetenz", eine dieser merkwürdigen, flächendeckenden „Bildungslücken" in unserer Gesellschaft eingeschlichen: Eine Weiter- bzw. Fortbildung in Persönlichkeitsbildung wie zum Beispiel Zielsetzung, Planung, wie man mit anderen Menschen besser

zurechtkommt, wie man sich selbst motiviert und organisiert, wie man Rückschläge wegsteckt und einiges mehr, steht in der offiziellen Schul- und Ausbildung nicht einmal ansatzweise im Lehrplan. Deshalb ist es auch kaum im öffentlichen Bewusstsein verankert.Mir fiel das beim Start meiner Selbständigkeit auf. Ich klinkte mich aus der gut eingerichteten Struktur aus und hüpfte ins kalte Wasser. Sofort sprangen mir meine Defizite ins Gesicht und ich scheiterte brachial. Ich bekam buchstäblich kein Bein auf den Boden. Durch die neue Herausforderung erkannte ich erstmalig, dass es da einen essentiellen Bereich in meinem Leben gab, in dem es mir an essentiell notwendigen Kompetenzen fehlte. Es waren plötzlich Fähigkeiten gefordert, die ich nicht besaß und die mir auch in meiner gesamten Ausbildung nicht vermittelt worden waren. Es waren offensichtlich enorme Schwachstellen vorhanden, die mich in meinem Vorankommen behinderten. Andererseits wurde mir klar, dass dieser Bereich gerade deshalb ein enormes Potenzial enthielt, in großen Schritten voranzukommen – vorausgesetzt ich arbeite vorrangig daran. Ich besuchte entsprechende Seminare, las Bücher und war erstaunt, welches doch recht einfache, aber höchst effiziente Wissen es gibt, das den Unterschied ausmachte. Ich habe es so schnell wie möglich angewendet und erreichte alle meine gesetzten Ziele, egal wie utopisch oder unrealistisch sie zunächst schienen.Daher kann ich Ihnen aus langer Lebenserfahrung garantieren, dass Sie enorm vorankommen, wenn Sie genau dort ansetzen! Das macht in vielen Bereichen den Unterschied, auf den es ankommt. Lernen Sie zielstrebig und systematisch, wie Sie Rückschläge jeglicher Art wegstecken.Ihr Selbstvertrauen ständig steigern auch in schweren Situationen einen klaren Kopf behalten und Ihre Linie weiter verfolgenimmer fähiger und durchsetzungsstärker werden andere für Ihre Pläne gewinnen und somit Ihre Vorhaben schneller und besser umsetzen ... und einiges mehr.Mein Ebook in in Kürze wieder erhältlich.Ich überarbeite derzeit mein „Persönliche Fähigkeiten" und stelle es in Kürze

wieder zur Verfügung. Darin gebe ich Ihnen das nötige Wissen, so dass Sie fähig werden, den zukünftigen Wirren mit Zuversicht und einer hohen persönlichen Kompetenz entgegenzutreten. Nichts geht mehr: Für Notfälle, beispielsweise Naturkatastrophen oder einen Stromausfall, sollte man präpariert sein, rät das Bundesamt für Bevölkerungsschutz und Katastrophenhilfe. Es hat dafür eine umfangreiche Checkliste zusammen gestellt.
Katastrophen-Checkliste:
So bereiten Sie sich auf den Ernstfall vor.
Die Bundesregierung erwägt offenbar, ihre Hinweise zum Bevölkerungsschutz zu überarbeiten. Hier erfahren Sie, welche Ratschläge diese Liste

konkret enthält. (Erstveröffentlicht 2015)

Anzeige

Ihr Vorrat an Lebensmitteln und Getränken sollte für einen Zeitraum von zwei Wochen ausreichen.

Halten Sie pro Person etwa 14 Liter Flüssigkeit je Woche vorrätig.Geeignete Getränke sind Mineralwasser, Fruchtsäfte, länger lagerfähige Getränke.

Keine Experimente. Halten Sie vor allem Lebensmittel und Getränke vorrätig, die Sie und Ihre Familie auch normalerweise nutzen.

Achten Sie darauf, dass Esswaren auch ohne Kühlung länger gelagert werden können und ein Großteil Ihres Vorrats auch kalt gegessen werden kann.

Alle Lebensmittel sollten ohne

Kühlung längerfristig haltbar sein. Achten Sie auf das Mindesthaltbarkeitsdatum. Beschriften Sie Lebensmittel ohne Kennzeichnung mit dem Einkaufsdatum.
Sie sollten Lebensmittel kühl, trocken und dunkel aufbewahren. Achten Sie auf luftdichte Verpackung.Neu gekaufte Vorräte gehören nach „hinten" ins Regal. Brauchen Sie die älteren Lebensmittel zuerst auf.
Tiefgekühlte Lebensmittel zählen auch zum Notvorrat. Sie lassen sich bei einem Stromausfall verbrauchen. Frieren Sie einmal aufgetaute Lebensmittel nicht wieder ein.Kochen ohne Strom und Gas? Im Handel gibt es viele Alternativen wie Campingkocher. Denken Sie bei der Vorratshaltung

auch an Spezialkost – zum Beispiel für Diabetiker, Allergiker oder Babys.Haben Sie Haustiere? Decken Sie deren Bedarf ab! Mangelnde Hygiene ist weltweit Auslöser für viele Seuchen und Krankheiten - beugen Sie vor. Uns erscheint das weit weg. Denn tägliches Duschen, Zähneputzen oder Händewaschen sind für uns selbstverständlich. Aber was machen Sie, wenn es kein warmes Wasser mehr gibt oder kaltes Wasser nur stundenweise zur Verfügung steht? Bei Katastrophen oder lang andauernden Notfällen kann das passieren. Und gerade dann kommt es auf die Hygiene an. Auch wenn das Wasser knapp ist: Händewaschen ist trotz allem sehr wichtig für Hygiene und Gesundheit!Bei lang andauernden

Ausfällen der Wasserversorgung sollten Sie Wasser in allen verfügbaren größeren Gefäßen sammeln: Badewanne, Waschbecken, Eimer, Töpfe, Wasserkanister etc.Gehen Sie mit dem Wasser sparsam um. Benutzen Sie bei längerer Wasserknappheit Einweggeschirr und -besteck, damit Wasser nicht zum Spülen verwendet werden muss. Machen Sie Wasser länger haltbar durch Entkeimungsmittel. Diese bekommen Sie im Campinghandel. Halten Sie genügend Seife, Waschmittel, Zahnpasta, Feuchttücher und Toilettenpapier vorrätig.Wenn das Wasser knapp ist, ist eine Campingtoilette mit Ersatzflüssigkeit eine gute Alternative.
Benutzen Sie

Haushaltshandschuhe.
Benutzen Sie Händedesinfektionsmittel.
Benutzen Sie zum Wischen Haushaltspapier, statt etwas nass abzuwischen.
Zur schnellen Abfallbeseitigung sind Müllbeutel gut. Sie helfen auch, wenn der Müll für längere Zeit nicht abgefahren wird.

Statten Sie Ihre Hausapotheke aus.persönliche, vom Arzt verschriebene Medikamente

Erkältungsmittel

Schmerz- und fiebersenkende Mittel

Mittel gegen Durchfall, Übelkeit, Erbrechen

Mittel gegen Insektenstiche und Sonnenbrand

Elektrolyte zum Ausgleich eines Flüssigkeitsverlustes

Fieberthermometer
Splitterpinzette
Hautdesinfektionsmittel
Wunddesinfektionsmittel
Verbandsmaterial

Bereiten Sie sich auf einen längeren Stromausfall vor.
Wissen Sie, wie abhängig Sie von Strom, Gas, Öl oder Fernwärme sind? Was passiert, wenn alles ausfällt? Das Telefon ist tot, die Heizung springt nicht an, warmes Wasser fehlt, der Computer streikt, die Kaffeemaschine bleibt aus, das Licht ist weg. In der Regel werden Stromausfälle in wenigen Stunden behoben. Aber es kann in Notsituationen durchaus auch einmal Tage dauern, bis der Strom wieder verfügbar ist.Mit warmer Kleidung lässt sich die Heizung eine Zeitlang ersetzen. Wer einen

Kamin oder Ofen hat, sollte einen Vorrat an Kohle, Briketts oder Holz im Haus haben.Halten Sie einen Vorrat an Kerzen und Taschenlampen (zum Beispiel eine Kurbeltaschenlampe oder auch Solar- und LED-Leuchten) sowie Ersatzleuchtmittel, Batterien, Streichhölzer oder Feuerzeuge, Kerzen im Haus.

Kleinere Mahlzeiten können Sie auf einem Campingkocher zubereiten.
Nutzen Sie einen Garten- oder Tischgrill, der mit Holzkohle oder Gas betrieben wird. Vorsicht! Nicht in der Wohnung oder im Haus grillen – es besteht Erstickungsgefahr!Sorgen Sie dafür, dass die Akkus an Computern, Mobiltelefonen, Telefonen geladen sind. Solarbetriebene Batterie

Ladegeräte können eine Hilfe sein.Denken Sie daran, eine ausreichende Bargeldreserve im Haus zu haben, da bei Stromausfall auch die Geldautomaten nicht mehr funktionieren.Halten Sie ein batteriebetriebenes Radio bereit.
Halten Sie einen Rucksack mit Notgepäck griffbereit.
Es brennt. Alle müssen schnell aus dem Haus. Das Wasser kommt. Alle werden evakuiert. Sie wissen nicht, was alles beschädigt oder zerstört wird. Denken Sie rechtzeitig darüber nach, was für Sie wichtig ist. Stellen Sie alle wichtigen Dokumente (Familienurkunden, Sparbücher, Verträge, Testament, Reisepass, Führerschein) zusammen und bewahren diese an einem Ort griffbereit in einer Tasche auf. Für

den Notfall sollten alle Familienmitglieder über den Standort der Tasche Bescheid wissen. Machen Sie sich schon vorab Gedanken über Ihr Notgepäck und halten Sie es auch soweit wie möglich griffbereit gepackt. Das Notgepäck soll helfen, die ersten Tage außer Haus zurecht zu kommen. Oberste Grundregel: Nehmen Sie für jedes Familienmitglied nicht mehr mit als in einen Rucksack passt. Ein Rucksack ist praktischer als ein Koffer, da Sie beide Hände frei haben.

Erste-Hilfe-Material, persönliche Medikamente
batteriebetriebenes Radio, Reservebatterien
Dokumententasche
Verpflegung für zwei Tage in

staubdichter Verpackung
Wasserflasche, Essgeschirr und -besteck
Taschenlampe, Schlafsack oder Decke
Kleidung und Hygieneartikel für ein paar Tage
Fotoapparat oder Fotohandy
Wetterschutzbekleidung, wie eine Regenjacke und -hose oder ein langer Regenmantel wetterfeste Schuhe oder Gummistiefel
Benutzen Sie bei Gefahr durch radioaktive oder chemische Stoffe einen Heimwerker-Mundschutz oder feuchte Tücher, die Sie sich vor den Mund halten.

Ausweise, Geld, Wertsachen
Für die Kinder: Brustbeutel oder eine SOS-Kapsel mit Namen, Geburtsdatum und Anschrift. SOS Kapseln erhalten Sie in

Kaufhäusern, Apotheken und Drogerien.Im Folgenden finden Sie unseren Vorschlag für eine Einkaufsliste mit haltbaren Lebensmitteln, die an die Empfehlung des Bundesamts für Bevölkerungsschutz und Katastrophenhilfe angelehnt ist: Mineralwasser: Das Bundesamt empfiehlt rund zwei Liter pro Tag und Person. Für fünf Tage macht das etwas mehr als einen Träger Wasser mit sechs 1,5-Liter-Flaschen. Für 14 Tage muss man schon mindestens drei Wasserträger anschaffen. Zusätzlich sollte man Wasser zum Kochen einplanen, falls die Trinkwasserversorgung nicht funktioniert. Obstsäfte im Tetra-Pack oder in der Glasflasche Grundnahrungsmittel wie Nudeln,

Reis und Kartoffeln. Für 14 Tage empfiehlt das Bundesamt insgesamt 4,9 Kilogramm pro Person. Das entspricht einem Nährwert von etwa 2200 Kilokalorien pro Tag.

Knäckebrot, Zwieback oder eingeschweißtes Brot
Mehl
Zucker
Erbsen und Möhren, Bohnen, Mais und Tomaten in Glas- oder Metallkonserven
Pfirsiche, Aprikosen oder Kirschen aus der Dose
Frisches Obst: Äpfel und Nüsse lassen sich gut lagern
  Eier
  H-Milch und H-Sahne
  Soja-Pudding
  Tiefkühlspinat
  Honig, Marmelade

Knäckebrot
Brühe
Mayonnaise, Ketchup, Senf
Dosensuppen
eingeschweißte Gnocchi oder Ravioli
Sonnenblumenöl und Olivenöl
Margarine
Essig
Wein und Bier
Kaffee und Tee (auch Instant-Produkte)
Müsli/ Müsli-Riegel
Fischkonserven: Thunfisch, Heringsfilet, Makrele
Cabanossi in Plastik verpackt
Streichhölzer
Teelichter
Batterien
Klopapier und Küchenrolle
Müllbeutel
Seife

Waschmittel
Zahnpaste und Zahnbürste
Desinfektionsmittel
Vitamintabletten

Zu beachten sind insbesondere bei frischen Lebensmitteln Haltbarkeit und Lagerung. Für fast alle oben aufgeführten Nahrungsmittel gilt, dass sie dunkel und kühl gelagert werden sollten. Äpfel und Birnen eignen sich besonders für die Lagerung, im Sommer auch Melonen. Äpfel und Birnen sollten am besten weich gebettet werden, etwa auf Zeitungspapier. Um Druckstellen zu vermeiden, sollten sich die Früchte nicht berühren. "Während Äpfel dunkel und kühl gelagert werden sollten, müssen Nüsse ziemlich trocken gelagert werden", empfiehlt Antje Gahl von der Deutschen Gesellschaft für

Ernährung. Neben Kartoffeln, Nudeln und Reis kann man auch Hülsenfrüchte wie Hirse, Linsen und Quinoa verwenden. Abgepackt haben diese eine Haltbarkeit bis zu einem Jahr.

Eier halten 28 Tage plus zwei Wochen

Eier sind lange haltbar, wenn man sie kühl und an einem dunklen Ort lagert. "Sie müssen nicht unbedingt im Kühlschrank stehen", sagt Gahl. "28 Tage nach dem Legen läuft das Mindesthaltbarkeitsdatum ab. Danach sind Eier noch zwei Wochen essbar." Gekochte Eier halten sich eine Woche. Wer bei rohen Eiern unsicher ist, kann ein Ei in ein Glas mit kaltem Wasser legen. Sinkt es nach unten, ist es frisch. Schwimmt es an der Oberfläche ist es älter. Die

Luftkammer im Ei wird größer, je älter das Ei ist.
Tiefgekühlte Lebensmittel zählen auch zum Notvorrat, schreibt das Bundesamt für Bevölkerungsschutz in seiner Empfehlung zum Lebensmittelvorrat. "Sie lassen sich auch bei einem Stromausfall problemlos verbrauchen." Man muss nur darauf achten, Tiefkühlprodukte nach dem Auftauen schnell zu verzehren. "Fleisch und Fisch halten sich nur zwei bis drei Tage", sagt Expertin von der Deutschen Gesellschaft für Ernährung. "Gemüse und Obst bis zu sieben Tagen." Eingefrorenes Gemüse und Obst hat mehr Nährstoffe als Konservenfrüchte. Tiefkühlspinat ist dafür ein gutes Beispiel. Allerdings müssen Verbraucher keine Angst haben bei

mehreren Tagen ohne frisches Gemüse und Obst einen Mangel zu bekommen. "Auch wenn man sich zwei Wochen von Dosenobst ernährt, hat man nicht direkt Mangelerscheinungen, selbst wenn man mit 50 Prozent des empfohlenen Vitaminbedarfs auskommen muss", sagt Gahl. Eine Alternative zu frischem Fleisch und Fisch können Fischkonserven sein. "Man kann sie gut lagern und sie sind sehr nahrhaft", sagt Gahl. "Wenn sie in Öl liegen, nimmt man viele Kalorien zu sich, was im Notfall gut ist."Ohne Strom kann man problemlos einige Stunden oder Tage auskommen, ohne fließendes Wasser aus der Leitung ist das hingegen sehr viel schwieriger. Auf der Checkliste des Bundesamts für

Bevölkerungsschutz und Katastrophenhilfe stehen neben Empfehlungen für Nahrungsmittel auch technische Hilfsmittel, die einem das Leben im Falle eines Strom- oder Wasserausfalls erleichtern. Hygiene gehört zu den wichtigsten Themen, wenn kein Tropfen Wasser mehr aus der Leitung kommt. Hier einige Ratschläge.Campingtoilette: Das Bundesamt empfiehlt eine Campingtoilette, wenn das Wasser für längere Zeit ausfallen sollte. Je nach Modell muss man Chemikalien zur Desinfektion, Ersatzbeutel und Haushaltshandschuhe vorhalten. Einweggeschirr aus Plastik oder Pappe und Einwegbesteck hilft, wenn man nicht spülen kann, aber trotzdem mit der sauberen Gabel

essen möchte. Zähneputzen gelingt bei einem länger andauernden Wasserausfall nur mit Trinkwasser aus der Flasche. Wer im Garten Regenwasser in einer Tonne sammelt, kann daraus auch Trinkwasser gewinnen oder es für die Klospülung benutzen.
Ein Stromausfall ist mit einigen kleinen Hilfsmitteln leichter zu ertragen. Am schnellsten helfen Kerzen und Teelichter. Die sollte man ebenso wie Streichhölzer oder Feuerzeuge immer im Haus haben. Batteriebetriebene Kopfleuchte: Eine Kopflampe ist in jedem gut sortierten Outdoor-Geschäft erhältlich. So bleiben die Hände frei, wenn man sich im Dunkeln zurechtfinden möchte. Radio: Batteriebetriebene Radios oder mit Kurbelantrieb sind hilfreich, um

sich auf dem Laufenden zu halten. Die Behörden kommunizieren im Notfall auch über Rundfunk mit den Bürgern. Ist der Stromausfall flächendeckend und langanhaltend, hilft ein Smartphone nicht mehr weiter.Lebensmittel zubereiten ohne Strom, ist anspruchsvoll, aber für Menschen mit Campingerfahrung keine Schwierigkeit. Auch hier wird es erst anstrengend, wenn das Trinkwasser ausgeht. Das braucht man, um Kartoffeln oder Nudeln zu garen.

Gaskocher oder Gasherd: Menschen mit einem Gasherd haben bei einem Stromausfall meistens keine Probleme. Es kann vorkommen, dass bei einem Gasherd der Zünder, der den Funken verursacht, elektrisch funktioniert. Dann nimmt man stattdessen ein Stielfeuerzeug oder ein langes Streichholz, damit man sich nicht verbrennt. Eine Ersatz-Gaskartusche sollte man sich besorgen. Campingkocher funktionieren nicht nur mit Gas, sondern auch mit Spiritus. Auch hier muss man darauf achten, genügend Brennmaterial im Haus zu haben. Ganz ohne Brennmaterial kommt ein Solarkocher aus. Grill: Wer noch Grillkohle und -anzünder vom letzten Sommer hat, kann auch den Grill anwerfen. Das hilft beim Kochen und wärmt obendrein. Nur in Innenräumen sollte man lieber darauf verzichten. Wer kein Feuerzeug hat, kann auch mit einem Zündstahl Feuer machen. Das ist ein Utensil, das in keinem

Survival-Kit fehlt. Es ist ein kurzer Stab aus einer Legierung, die einen bestimmten Anteil des Metalls "Cer" enthält. Reibt man mit der rückseitigen Kante eines Messers oder mit einem speziellen Schaber, entstehen durch die Reibungsenergie kleine Funken. Mit dem richtigen Zunder kann man damit sehr leicht ein Feuer machen. Fortgeschrittene können auch mit einer Cola-Dose, einem Schokoriegel und Brennmaterial Feuer machen. Zunächst muss man den Dosenboden mit einem Stück Stoff oder dem Zeigefinger glänzend polieren. Die Schokolade hilft dabei als Poliermasse, Zahnpasta kann man auch dafür benutzen. Der Dosenboden wird dadurch zum Parabolspiegel und konzentriert die Lichtstrahlen auf einen Punkt. Durch die Hitze fängt der Zunder an zu brennen.

Katastrophenvorsorge:

Welches Notgepäck als Survival-Ausrüstung wählen?

In den Medien hört man immer wieder von Katastrophen wie z.B. sehr heftigen Unwettern, die in unseren Breitengraden völlig ungewohnt sind. Das kann für eine bestimmte Zeit eine Räumung oder Evakuierung nötig machen. Lesen Sie im folgenden Artikel, wie Sie sich ein Notgepäck zusammenstellen können, um für den Fall aller Fälle vorbereitet und gerüstet zu sein. Viele Menschen werden sich mit Sicherheit fragen, ob sie solch ein Notfallgepäck wirklich brauchen. Doch es gibt viele denkbare Szenarien, die einen schnellen und reibungslosen Aufbruch nötig machen können. Neben Naturkatastrophen kann eine undichte Gasleitung, ein Brand im Nachbarhaus oder ein Wasserrohrbruch es nötig machen, dass man für eine gewisse Zeit sein Heim verlassen muss. In solchen Fällen ist es äußerst hilfreich, ein Notgepäck griffbereit verwahrt zu haben. Was ist ein Notrucksack? Er ist, wie oben schon beschrieben, für Katastrophen und sonstige Notsituationen gedacht. Er sollte immer fertig gepackt und stets griffbereit sein, sodass Sie innerhalb kürzester Zeit aufbrechen können. Man sollte ihn ohne fremde Hilfe eine längere Zeit tragen können. Der Rucksack als Transportmittel eignet sich für

Notfälle deshalb so gut, weil er die Hände freilässt und den Rücken gleichmäßig belastet. Weitere Kriterien für einen Notrucksack sind ...: ein größeres Fassungsvermögen haben, äußerst stabil sein, möglichst wasserdicht, bequem auch längere Zeit zu tragen sein, von unauffälliger Farbe sein, Schlaufen und Ösen zum Verzurren von Gerätschaften haben, geräuscharm sein (z.B. nicht klappern). Im einschlägigen Handel für Outdoor-, Survival- und Globetrotter-Bedarf werden eine Vielzahl der unterschiedlichsten Rucksäcke angeboten. Obwohl viele davon nicht gerade billig sind, findet man nur wenige, die annähernd den Erfordernissen gerecht werden. Die Qualitätsunterschiede sind extrem.

Bedenken Sie, dass es dem Verkäufer in der Regel relativ gleichgültig ist, ob Sie aufgrund mangelhafter Ausrüstung zu Schaden kommen. Er will Ihnen lediglich etwas aus seinem Sortiment verkaufen. Daher sollten Sie nichts ungeprüft glauben, was man Ihnen versichert,
sondern selbst kritisch prüfen, ob der Rucksack den Kriterien standhält. Schließlich kann Ihr Leben davon abhängen.
Gestellrucksäcke sind nicht immer unbedingt die beste Lösung. Immerhin darf das Gestell
nicht brechen, wenn Sie gezwungen sind, den Rucksack aus größerer Höhe hinabzuwerfen.
Die Gestelle müssen so gefertigt sein, dass sie nirgends drücken. Wirklich stabile Gestelle

sind meistens auch wesentlich schwerer. Eine empfehlenswerte Möglichkeit ist das Zurückgreifen auf einen Armeerucksack. Sie sind meist für Extrembedingungen ausgelegt. Aber auch da gibt es Qualitätsunterschiede.
Persönlich habe ich sowohl das "Tactical-Backpack" der US-Army als auch das neue große Sturmgepäck der Bundeswehr ausgiebig durchgetestet. Beide sind durchaus brauchbar.
Sehr gut zu gebrauchen ist auch der Pionier-Rucksack der Schweizer Armee, der zudem noch
recht günstig zu bekommen ist. Zusätzlich sollte man sich einige sogenannte "Rödelriemen" beschaffen. Dabei handelt es sich um strapazierfähige Riemen aus Stoff mit einer Schließe aus Metall

oder Kunststoff. Mithilfe solcher Riemen lassen sich lose Gegenstände am Rucksack festzurren. Welche Kriterien sollte ein Schlafsack haben? Auf dem zivilen Markt kann man zuweilen Schlafsäcke erwerben, die recht warm und angenehm sind. Eine äußerst kritische Prüfung ist aber auch hier angebracht. Denn die Zeiten, in welchen die gehobene Preisklasse mit qualitativer Hochwertigkeit in Verbindung gebracht werden kann, sind schon lange vorbei. Warme und flauschige Schlafsäcke sind häufig nicht haltbar genug, um auch in Extrembedingungen ihren Zweck zu erfüllen. Die meisten Schlafsäcke dieser Art sind besonders empfindlich gegen Funkenflug und Nässe. Eine stabile und wasserdichte Schutzhülle ist unverzichtbar. Bei vielen Armeeschlafsäcken sieht es ähnlich aus. Z.B. der US-Army-Schlafsack und der Schlafsack der israelischen Armee fühlen sich recht angenehm an und schützen recht gut vor Kälte. Das gilt aber nur, solange sie trocken bleiben! Sollten sie einmal durch ungünstige Umstände durchnässen (wie es ja bekanntlich in Extremsituationen eher die Regel als die Ausnahme ist), ist es sehr aufwendig und langwierig, sie zu trocknen. Daunenschlafsäcke sind danach fast völlig unbrauchbar. Hingegen sind sowohl der Bundeswehr- als auch der norwegische Armeeschlafsack nicht gerade besonders warm und fühlen sich nicht komfortabel an. Doch sie sind recht wasserdicht

und vor allem trocknen sie schnell, falls sie doch mal nass werden sollten. Der Kälteschutz ist zwar nicht völlig optimal, aber für europäische Verhältnisse ausreichend. Immerhin habe ich -26°C mit einem Bundeswehrschlafsack schon unbeschadet überstanden.
Auch sind sie nicht so empfindlich gegen Funkenflug. Wenn man gezwungen ist, draußen zu übernachten, sollte man sich angewöhnen, eine Unterlage aus Heu, Reisig, Laub oder Ähnlichem vorzubereiten. Im Winter ist es von Vorteil, wenn genug Schnee liegt, sodass man sich mit dem Schlafsack tief genug darin eingraben kann. Denn Schnee wird niemals viel kälter als -2°C! Was ist beim Messer zu beachten?

Häufig werden im einschlägigen Handel sogenannte Survival Messer angeboten. Die meisten davon sind völlig unbrauchbar! Viele Menschen lassen sich von den Rockwellhärten blenden. Das ist falsch! Denn eine zu harte Messerklinge bricht leicht und wird somit unnütz. Die Klingen sollten nur oberflächengehärtet sein. Das alte Messer der US-Marines (das mit dem Griff aus Lederscheiben) ist hingegen, obwohl sehr einfach gehalten, durchaus als Überlebensmesser zu gebrauchen. Es gibt aber auch Bessere. Kritische Prüfung ist jedoch auch hier notwendig. Welche Ausrüstungsgegenstände sind noch zu empfehlen?
Multitool: Dabei handelt es sich um ein Multifunktionswerkzeug,

das viele verschiedene Einzelwerkzeuge in einem gut zu handhabenden Griffstück vereint. Es kann sehr hilfreich sein. Doch Vorsicht - lassen Sie sich nicht von schlechten
Nachbauten blenden. Hier ist es durchaus angebracht auf Markenprodukte wie Gerber oder Victorinox zurückzugreifen.
Japanische Zugsäge: Sie ist klein, zusammenfaltbar und hat eine enorme Sägeleistung.
Feldflasche: Sie sollte stabil und gut tragbar sein. Die Feldflasche der Bundeswehr hat
den Vorteil, dass man auch etwas darin erhitzen kann. Die Hülle ist als Notkochgeschirr verwendbar. Die US-Long-Range-Feldflasche hat hingegen den Vorteil eines großen Fassungsvermögens.

In der Feldflasche sollte man nur reines Wasser mitführen, sodass sie nicht verschmutzt wird und das Wasser auch zur Reinigung von Wunden verwendet werden kann. Rödelschnur (stabile Schnur)
Angelschnur
Angelhaken (div. Größen)
Bleistift
Notizblock
Kochgeschirr: Verschiede Armeekochgeschirre sind gut geeignet.
Kompass: Der BW-Kompass (Bundeswehr) hat sich recht gut bewährt. Andere sind häufig zu anfällig.
Jeweils 2 Satz Unterwäsche für Sommer und Winter (für Sommer Baumwolle, für den Winter Angora).
2 - 4 paar dicke Socken (sollten

größtenteils aus Schafwolle bestehen)

Einige Sweet-Shirts oder Armee-Unterhemden, Langarm (mehrere dünne Schichten
sind besser als eine dicke)

Ersatzstiefel (falls möglich)

Regenponcho (der US-Poncho ist zwar leichter, aber schnell undicht. Daher ist der
BW-Poncho vorzuziehen)

Kochhilfe (da es vorkommen kann, dass man unterwegs nicht die Möglichkeit hat, ein
Feuer zu machen): Esbit-Kocher von der Bundeswehr haben den Vorteil sehr klein
(für die Hosentasche) und im Betrieb praktisch unsichtbar zu sein. Nachteil: Sie
eignen sich eher zum Aufwärmen als zum Kochen. Außerdem wächst

Esbit nicht auf
den Bäumen. Persönlich ziehe ich
einen Benzin-/Allstoff-Kocher vor
(er ist nicht viel
größer als eine Cola-Dose).
Außerdem kann man Benzin fast
überall finden.
Taschen- / Kopf-Lampe: Hier sind
LED-Lampen vorzuziehen.
Wichtig ist es, für
ausreichende Batterien zu sorgen.
Dynamolampen sind zwar von der
Idee her gut, aber
meist nicht haltbar genug ausgelegt.
Wer eine Dynamolampe auftreiben
kann, die
stabil genug ist, sollte sie
verwenden.
Einige Haushaltskerzen
Feuer: Lesen Sie mehr dazu im
Artikel: "

Katastrophenvorsorge: Welche

Notvorräte
braucht man im Ernstfall?
Kleine Flasche Ballistol (ein Universal- bzw. Allzwecköl)
Kleine Flasche Schwedenkräuter
Kleine Not-Verpflegung: Wichtig ist es, die Notverpflegung nur anzubrechen, wenn es wirklich nötig ist! Ich rate zu Haferflocken, Traubenzucker, gerösteten Erdnüssen und Dorschleber im eigenen Tran. In dieser Kombination kräuseln sich zwar nicht nur dem Gourmet die Nackenhaare, doch zum puren Überleben ist dies die ideale Kombination.
Hinzu kommt, dass Haferflocken natürliches Antidepressiva enthalten.
Eine Dose Salz
Skalpell (antiseptisch verpackt)

Einige Druckverbände
Gaze
Pflaster
Panzer-Band (von derBundeswehr)
Dreieck-Tücher
Mullbinden
Pinzette
Starke Schmerztabletten
Kernseife
1 - 2 Armee Zeltbahnen
Stabile Plastikhülle für die wichtigsten Papiere

Solch ein kleines Notgepäck sollte jeder griffbereit verwahrt haben. Auch wenn keine Kriege oder extremen Katastrophen eintreten, ist es immer sehr vorteilhaft, innerhalb von maximal drei Minuten aufbrechen zu können.

Viel Erfolg beim Zusammenstellen Ihrer Survival-

Ausrüstung!
Gegen den Strom
"Wer gegen den Strom schwimmt,
gelangt zur Quelle"
  Der Lissabon-Vertrag
  Die Firma – BRD
  Die Geldschöpfung aus dem
    Nichts – Fiat Money
  Die Harmonie in Landschaft und
Baukunst – oder die Matrix der
Orte
  Die Heilige Geometrie
  Die Herrscher-Dynastie über das
  Weltgefüge
  Die Lügen der Medien
  Die Medien
  Die Natur-Harmonie-Station
  Die Tagesenergien
  Die Wahrheit, die weh tut
  Die Wirkung der Musik auf das
Bewusstsein – Referat von Dr. phil.
Christian Rätsch – Klangwirkstoff

Fachkräftemangel, Hartz-IV und Armut
False Flag Operations
Freie Energie: Tesla, Reich & Co.
Geld regiert die Welt – Wer aber regiert das Geld
Himmelsakupunktur und Sphärenanlagen
Hirnforschung

Einfach überleben! Schneller, als man denkt, gerät man in eine Notsituation. Dann ist vor allem eines gefragt: Eigeninitiative und Selbsthilfe. Was man dafür in freier Natur wissen muss, verrät dieser kompakte Ratgeber.Draußen in der Natur, da fangen für viele Freizeit und Urlaub erst an. Die Schattenseiten, von denen die einschlägigen Zeitungsseiten voll sind: Ob bei einer Skitour oder beim Mountainbiken, ob beim

Klettern im Hochgebirge, ob beim Bergwandern in entlegenen Regionen – ein Wetterumschwung oder ein Unfall genügt und plötzlich steckt man mitten in einer Notsituation!Aber auch „Couch-Potatoes" sind davor nicht gefeit, wenn etwa eine Überlandfahrt irgendwo im Straßengraben endet. Spätestens dann wäre es gut zu wissen, was zu tun ist, um dem Dilemma einigermaßen unversehrt zu entrinnen und durchzuhalten, bis Hilfe kommt.

„Überleben in der Natur" die wichtigsten Kenntnisse , die man für ein Überleben abseits gesicherter Wege und beheizter Hütten benötigt.

Die Palette der einfachen, aber im Ernstfall (über-)lebensnotwendigen Techniken beginnt beim

Feuermachen in freier Natur und erstreckt sich über Aufwärmemöglichkeiten, Lagerbau, die Errichtung von Schneehöhlen, das Auffinden von Wasser bis hin zu psychologischen Tricks, die die Notsituation überstehen helfen, sowie Heilmitteln, die die Natur uns bietet.Natürlich wird auch essbaren Pflanzen und den Möglichkeiten, tierische Nahrung zu erbeuten, Platz eingeräumt. Ein weiteres großes Plus: Der Autor räumt mit etlichen kursierenden Survival-Mythen auf, deren Befolgung im Ernstfall lebensgefährlich werden könnte. Ein Buch, dessen Inhalt man gut kennen sollte, auch wenn man hofft, ihn nie zu benötigen.
Zu allererst räumt der Autor mit Survival-Mythen und gefährlichen

Falschwissen auf. Dieses Kapitel ist am umfangreichsten.
Anschließend werden die drei Prioritäten Wärme, Wasser und Nahrung behandelt. Alle wichtigen Dinge sind einfach nachvollziehbar und nah an der Praxis beschrieben Auch das Kapitel Werkzeuge und Hilfsmittel gestaltet sich interessant. Hier werden Messertechniken beschrieben, wie man sich Seile oder Gefäße herstellt, wie man abdichtet, wie man sich orientiert uvm.Schließlich folgt das Kapitel Survial-Psychologie und Krankheit. Hier werden einige Symptome behandelt und das richtige Mittel dafür beschrieben. Alles in allem ist das ein kleiner prägnanter Ratgeber, der sich vor Allem für blutige Laien eignet. Ein sehr gutes

Pflanzenbestimmungsbuch sollte derjenige, der sich nicht mit essbaren Pflanzen auskennt jedoch zusätzlich noch dabei haben. Ein Messer und irgendwas zum Feuer entfachen sollte auch in keinem Gepäck fehlen. Überleben wird man damit nicht, aber es ist lesenswert für den Laien.

Wenn man in eine Notsituation geraten sollte, deren Vermeidung besondere Aufmerksamkeit gewidmet wird, dann findet man hier die wichtigsten Informationen, die das Überleben sichern. Diese werden in übersichtliche Bereiche gegliedert:

1. Unterkunft / Unterschlupf finden.
2. Wasser beschaffen und trinkbar machen.
3. Nahrung beschaffen.

4. Werkzeug.
5. Pass auf dein Seelenleben auf.
6. Hilfe, Signal geben, Rettung.

Krisenvorsorge: Warum Essen nicht nur zu Hause gelagert werden sollte

Immer mehr Verbraucher haben die Notwendigkeit erkannt, Lebensmittel in Eigenregie zu produzieren. Vieles von dem, was im Supermarkt verkauft wird, würden selbst Tiere nicht essen, wenn sie die Wahl hätten.
Die Hersteller schwindeln auf ihren Etiketten seit Jahren, ohne dass es ernsthafte Konsequenzen für sie gibt. Das Bundesverbraucherministerium hat sogar ein Portal ins Leben gerufen, wo Verbraucher fragwürdige Produkte melden können.
Doch immer mehr Menschen

wollen aus diesem Irrsinn aussteigen. Sie gehören zur Gruppe der Selbstmacher und Prepper, die ihre Zukunft in die eigene Hand nehmen. In einem unserer Artikel haben wir bereits erklärt, wie man selbst zum eigenen Lebensmittellieferanten wird.
Wie aber sieht es in einer Krisenzeit aus, in der Lebensmittelknappheit herrscht und Menschen hungern? Wer Obst und Gemüse im Garten anbaut sowie einen Lebensmittelvorrat im Keller errichtet hat, ist mit großer Wahrscheinlichkeit ein Ziel, welches hungernde Mitmenschen herausfordert.Wenn die Zukunft über Nacht ungewiss wird: aktuelle BeispieleNoch immer werden Menschen, die sich über diese und andere Szenarien Gedanken

machen, als Verschwörungstheoretiker abgestempelt. Dabei wurde dieses Jahr mehrfach deutlich, wie schnell – quasi über Nacht – Krisensituationen entstehen können.Der jüngste Fall: Ein angeblicher Putschversuch in der Türkei, bei dem der Hintergrund noch nicht deutlich ist. In den Weiten des Internets wird gemunkelt, dass der türkische Präsident Erdogan den Putsch selbst geplant hätte, um seine Machtposition zu stärken.
Im Deutschlandfunk berichtet ein Bürger des Landes, dass er schnell Lebensmittel eingekauft hätte, um sich für alle Fälle vorzubereiten. Doch es war bereits zu spät: Die Supermärkte waren leergefegt oder geschlossen. Der Fall zeigt, wie

wichtig auch und gerade heutzutage ein Lebensmittelvorrat ist (Krisenvorsorge: Mehr Effizienz mit mehrstufiger Vorratshaltung). Ob es in der Türkei nun zu einem echten Putsch kam oder nicht, spielt für Verbraucher keine große Rolle, denn die Konsequenz ist dieselbe: Lebensmittel werden zu einer Rarität. In Venezuela herrscht aus einem völlig anderen Grund Lebensmittelknappheit: Obwohl das Land reich ist und riesige Ölreserven hat, herrscht eine immense Versorgungskrise, die die Menschen dort zwingt, im Nachbarland Kolumbien einzukaufen.Ironischerweise ist der Ölpreis für das Problem in dem Land verantwortlich: Der niedrige Preis für das schwarze Gold sorgt dafür, dass Venezuela keine ausreichenden Devisen mehr besitzt, um Importwaren einzuführen.

Eckstein, Eckstein, alles muss versteckt sein

Der Krisenzustand in Venezuela macht deutlich, wie verzweifelt Menschen sein können, wenn ihnen alltägliche Dinge fehlen. In einem solchen Ernstfall gehen sie über ihre zivilisatorisch-menschlichen Grenzen hinaus, um sich Lebensmittel und andere Produkte zu sichern. Es ist nicht auszuschließen, dass sie ein Haus plündern, wenn sie wissen, dass sich dort die gewünschten Waren befinden. Als Prepper sollte man deshalb niemals alles auf eine Karte setzen. Der heimische Lebensmittelvorrat sollte einer von mehreren sein.

Die Vorräte sind grob in drei Aufbewahrungsorte einzuteilen: im Haus (Keller, Abstellraum, Verstecke)im Garten (vergraben, Schuppen, Garage)in unmittelbarer Nähe (Wald, Park)Das Vergraben der Lebensmittel hat den Vorteil, dass sie dort kaum jemand finden wird – weder im Garten noch im Wald. Die Lebensmittel verstaut man im Idealfall in größeren Plastikcontainern, die solide genug sind, um die schwere, über ihnen liegende Erde auszuhalten Sicher durch die Krise

Langzeitlebensmittel erhöhen die Überlebenschancen

Lebensmittelvorräte schaffen ist schön und gut – doch welche Produkte sind lange haltbar? Ein Blick auf das Ablaufdatum vieler Artikel zeigt schnell, dass ein

Großteil nicht länger als zwei Jahre hält – in der Theorie zumindest. Wissenschaftler haben nämlich herausgefunden, dass Dosenbrot – welches übrigens seit den 1940er-Jahren hergestellt wird – bis zu 20 Jahre haltbar ist.Generell ist also das Vergraben und Lagern von Langzeitlebensmitteln zu empfehlen, wie siehier erhältlich sind. Das angesprochene Dosenbrot gibt es als Pumpernickel sowie Roggen-Vollkornbrot. Damit das Überleben nicht zu einer allzu monoton Übung wird, raten wir aber, möglichst variationsreich einzukaufen (Survival: Grundregel Nummer 1 – Keine Umstellung der Ernährung in Krisenzeiten). Zusätzlich zu Dosenbrot empfehlen wir das Einlagern von Keksen, die als Snack für zwischendurch dienen können. Ebenfalls wichtig sind Trinkwasserkonserven für Notfälle. Die Wasserversorgung sollte man selbst garantieren können, indem man das kühle Nass in der Natur findet und mit Filtern wie dem Katadyn Combi filtert.Mit Brot und Keksen alleine wird kaum jemand langfristig überleben wollen. Deshalb hat die Industrie verschiedene Pulver entwickelt, die bis zu fünf Jahre lang haltbar sind: Vollei, Vollmilch, Butter sowie Kartoffelpüree sind darin enthalten.Abseits der genannten Survival-Produkte gibt es auch im Handel erhältliche Nahrungsmittel, die sehr lange haltbar sind: Früchte und Gemüse in Dosen versorgen die Überlebenden mit ausreichenden Vitaminen; mit

Wasser aufbereiteter Couscous liefert eine sättigende Nahrung, die zahlreiche Ballaststoffe, Calcium und Vitamin B enthält; getrocknete Pasta verdirbt nicht und lässt sich in kochendem Wasser genauso wie Couscous schnell zubereiten. Checkliste für Katastrophenfall: Diese Dinge muss jeder Haushalt als Notvorrat bunkernIn dem neuen Konzept für die zivile Verteidigung empfiehlt die Regierung den Bürgern, stets einen Notvorrat für 10 Tage im Haus zu haben. Hier verraten wir, wie ein Notvorrat zusammengesetzt sein muss.In der betreffenden "Konzeption zivile Verteidigung", die am kommenden Mittwoch vom Kabinett beschlossen werden soll, heißt es wörtlich:

Die Bevölkerung wird

angehalten, einen individuellen Vorrat an Lebensmitteln von zehn Tagen vorzuhalten.

Ein Notvorrat, der im Ernstfall tatsächlich das eigene Leben und das Leben der Familie schützen soll, muss allerdings neben Lebensmitteln auch noch einige andere wichtige Bestandteile enthalten.So sieht ein sinnvoller Notvorrat aus:Lebensmittel: Lebensmittelvorrat für ein bis zwei Wochen; Lebensmittel sollten ohne Kühlung haltbar und kalt genießbar seinGetränke: ausreichender Vorrat an Mineralwasser, Fruchtsäften und anderen lang haltbaren Getränken Das Bundesministerium für Ernährung und Landwirtschaft veröffentlicht dazu diese Übersicht: Bundesamt für Bevölkerungsschutz und Katastrophenhilfe gab

zusätzlich diese Checkliste heraus:
Hygiene: Seife, Waschmittel, Zahnpasta; Wasser zum Waschen, Spülen und Toilettenspülung
Hausapotheke: Verbandkasten, verordnete Dauermedikation, Kohletabletten, Schmerzmittel, Abführmittel, Fieberthermometer, Wärmeflasche Energieausfall: Gasherd, warme Kleidung, Petroleumlampen, Taschenlampen, Batterien, Kerzen, Streichhölzer
Dokumentensicherung: Familienurkunden, Renten-, Pensions- und Einkommensbescheinigungen, Sparbücher, Aktien, Fahrzeugbrief, Versicherungspolicen, Zahlungsbelege für Versicherungsprämien, insbesondere Rentenversicherung, Zeugnisse, Verträge,

Grundbuchauszüge, Testament
Notgepäck: für den Fall einer
Evakuierung Verpflegung für 2
Tage, ansonsten wie für Notvorrat
allgemein, speziell für Kinder
Brustbeutel oder eine SOS-Kapsel
mit Namen, Geburtsdatum und
Anschrift. SOS Kapseln erhalten
Sie in Kaufhäusern, Apotheken
und Drogerien.Radio: mit Batterien
betrieben

Politik

Essen & Trinken für 14 Tage: Das
neue Zivilschutzkonzept Zeit für
Hamsterkäufe?
Die Bundesregierung hat heute ihr
neues Zivilschutzkonzept
vorgestellt. Darin animiert sie die
Bürger unter anderem zur
Vorratshaltung für zehn Tage.
Sollte im Katastrophenfall nicht der
Staat die Grundversorgung für

seine Bürger selbst wuppen können? Wir fragen den Präsidenten des Bundesamts für Bevölkerungsschutz und Katastrophenhilfe.

Zivilschutzkonzept Dosentomaten sind eindeutig länger haltbar als das frische Original und damit absolut katastrophentauglich.

Das neue Zivilschutzkonzept der Bundesregierung ist endlich auch offiziell veröffentlicht. Seit Tagen diskutiert die Öffentlichkeit bereits darüber – und auch die Internetgemeinde hat bereits alle Witze mit dem Schlagwort „Hamsterkauf" durchgespielt: inklusive dem, dass alle Hamster ausverkauft sein sollen.

Denn in dem Konzept zur zivilen Verteidigung werden die Bürger dazu aufgerufen, einen Notvorrat an Wasser, Lebensmitteln, Medikamenten und Batterien anzulegen. Jeder soll sich zehn Tage lang autark versorgen können. Ohne einen Supermarkt betreten, den Lieferservice anrufen oder sich bei Oma zum Mittagessen einladen zu müssen. Vorratshaltung für den Fall, dass die öffentliche Ordnung zusammenbricht.Doch was genau sollen die Bürger für den Ernstfall bereithalten? In seinem „Ratgeber für Notfallvorsorge und richtiges Handeln in Notsituationen" empfiehlt das Bundesamt für Bevölkerungsschutz und Katastrophenhilfe (BBK) sogar, nicht nur für zehn, sondern für 14 Tage vorzusorgen.

Einkaufstipps vom BBK

Wen es überfordert, einen solch

langen Einkaufszettel zu schreiben, dem gibt das BBK immerhin einen Anhaltspunkt für die richtigen Mengen. Laut BBK braucht jede Person:

28 Liter Getränke

4,9 Kilogramm Getreide, Getreideprodukte, Brot, Kartoffeln, Nudeln und Reis

5,6 Kilogramm Gemüse und Hülsenfrüchte (Achtung: Trockenprodukte benötigen viel Wasser für die Zubereitung)

3,7 Kilogramm Milch und Milchprodukte

3,6 Kilogramm Obst und Nüsse

2,1 Kilogramm Fisch, Fleisch, Eier bzw. Volleipulver

0,5 Kilogramm Fette und Öle

nach Belieben Schokolade, Salzstangen oder Suppenpulver

Insgesamt summiert sich das auf

20,4 Kilogramm Lebensmittel –
pro Kopf. Wer eng wohnt, hat
dann wohl ein Problem.

Herstellung und Verlag:
BoD - Books on Demand, Norderstedt
ISBN 978-3-7431-7886-1